# 哲學智慧的尋求

何秀煌 著

東大圖書公司印行

# ©哲學智慧的尋求

著　者　何秀煌
發行人　劉仲文
著作財產權人　東大圖書股份有限公司
總經銷　三民書局股份有限公司
印刷所　東大圖書股份有限公司
復興店／臺北市復興北路三八六號六樓
重慶店／臺北市重慶南路一段六十一號
郵　撥／〇一〇七一七五——〇號
初　版　中華民國七十年四月
三　版　中華民國八十二年十月
編　號　E 10015
基本定價　貳元陸角柒分
行政院新聞局登記證局版臺業字第〇一九七號
著作權執照臺內著字第一五七〇〇號



ISBN 957-19-0197-0（平裝）

紀念

褋夢庵（恩昶）先生（一九一一——一九七七）

——中學時代教我國文的老師

# 前　言

每一個時代有每一個時代的特色。我們所處的時代是個瞬變萬遷的時代。科技的長足進步和工商企業的大力擴張，雙管齊下，急速地改變着社會的面貌，改變着人們的價值觀念，改變着我們的信仰內容。舊的事物不斷地被新的事物所取代；舊時的景象迅速地被新起的景象所掩沒；舊日的生活內容無影無踪地消失在今日的生活內容之中。

小時候步行幾十里，爲祖父去繳納田賦地稅，今天誰也不必這樣長途跋涉；那時一般的兒童渴望在新年的時候，有新衣新鞋和新玩具，今日的兒童天天都像是在過新年；那時家中那架古老的唱機已是高等的享受，電影更是奢侈，而今電視節目就在家中，而且還可以錄影重播；那時從羅東到臺北，要坐四個小時的硬座燒煤的蒸氣火車，顚簸搖晃地穿過十幾個烏黑的山洞，滿臉盡是油氣煤煙，塵灰炭粒，而今坐上空氣調節，沙發舒適的特別快車，一覺尙未醒來，人車早已到而今剎那之間，輕易成事。於是我們的技藝更加急速進展，勢如破竹，大有無所不能之概；我們的知識也大量囤積，窮年累月，大有不勝飽和之感。據統計：一七五〇年至一九〇〇年的一百五十年間，人類的知識長進一倍。一九〇〇年到一九五〇年的五十年間，人類的知識又增長了一倍。接着僅在十年之間，我們的知識又加倍了。以後就更急速進展，八年，五年，甚至三年，兩年，人類的知識就會倍數增加。預料不需等到二〇〇〇年，我們所擁有的知識將可達到本世紀之初我們所擁有的知識的一千倍！這樣驚人的數字，如此豐碩的成果，於是人們不得不由衷讚歎，心悅誠服；人們不禁要搖旗喊吶，振臂高呼：科學！科學！科學！

科學成了一切。科學就是眞理，也只有科學才是眞理。處事要出以科學的態度，解決問題要使用科學的方法，做人要有科學的人生觀。不僅如此，科學成了我們的價值理想，科學成了我們的精神導向。任何事物，凡是與科學牽上關係，標上科學之名的——不管是不是眞有其事，不管是不是牽强附會，就忽然身價百倍，就忽然神通起來。

的確，科學發達了，技術展進了；的確，古來人類的許多夢想一一實現了。然而，這就是一切嗎？這就是古來人類夢想的全部嗎？自古以來人類有沒有更明智更優美的夢想？這些夢想在這個科學的世紀裏，是否得到發揚或者漸被遺忘？它們受到重視或者任人摧殘？我們時常聽人說——甚至自己誇口說，這是個科學的時代。試問這話的內涵如何？它的精義何在？我們活在這個科學的世紀裏，有什麼值得欣喜，有什麼值得自豪？在這樣的科學時代裏，我們是不是活得更有

# 哲學智慧的尋求　目次

# 科學•哲學與人生

對於優美豐富的人生憧憬而言，這是一個貧瘠荒涼的時代。

表面上，此時此刻我們正享受着人類有史以來最進步最繁華的文化產業：不僅在物質方面，由於科學技藝的昌明精進，我們的五官六慾獲取了空前的滿足；就是在思想學說上也是派別林立，系統萬千，爭妍比媚，任人採拾。可是讓我們仔細省察一下，我們享受着科學技術的成果，但有沒有領略到科學的眞義與精神？我們道說主義與思想，可是它們有沒有在我們的生命裏植根？

科學發達了，技術演進了，古來人類的許多夢想一一實現了。疾病受到控制，糧食大爲增產，居住不再愁寒暑，登天入海再也不困難。礦物可以提煉衣料，人造寶石放出異樣的光彩。核能可以發電，試管孕育嬰兒。不僅如此，自從高速的電腦製成之後，人類增加了一種史無前例的忠實巨覇，科學的進展更顯得如虎添翼。以往人類絞盡腦汁，費時傷神，辛苦經營始能造就者，達……。可是，那時我們在放學之後，幫家牧牛灑掃之餘，尙有閒暇和幽情去捉蜻蜓，撿田螺，捕螢火蟲，而今大部份的學童，在功課的重壓之下，恐怕只能在書本之中含糊地意會蜻蜓、田螺和螢火蟲的模樣；那時的夏夜，滿天繁星，我們舉家坐在庭院裏乘凉，藉着滿月的月光，寫字畫畫，作詩塡詞，而今鄉間的空氣也早已污染，好多星星不見了，月兒再也灑潑不下舊日的光華；那時我們和鄰村，鷄犬相聞，守望相助，而今就是對門鄰居住的是誰，有時連姓名也全不知道；那時我們尊敬師長，聽從父母的話，而今多少兒童視父母師長如陌路，電視才是眞正的爸媽；那時……。

是的，我們不能只是沉緬於過去。可是，難道我們就可以盡將現在所有的一切，完全視爲理所當然？我們必須深思熟慮，明智抉擇，有心有意地策劃將來的方向，不能只是盲目地依從時尙，隨波逐流，任憑潮流風尙帶我們到隨便什麼不可知的地方。我們不能只是一味地追隨歷史的聰明，我們還得細心尋求哲學的智慧。

「哲學智慧的尋求」所收集的，是我在最近數年來所寫的文字的一部份。各篇文章雖然內容相左，主題各異，但是它們却代表着我這些年來一貫的追求方向：追求思想的淸晰、明確和深度；追求高超的境界和優美的情懷；追求在這瞬息萬變的現代生活中，那些永遠値得珍惜，永遠値得寶愛的事物和經久不滅，萬古長靑的原理原則。

一九八一年元月七日

人性？我們是不是活得更加幸福？

的確，這是個科學的時代，我們活在科學的光輝裏，可是我們也活在科學的陰影之下。科學使我們破除了舊日的許多迷信，可是人們却誤解科學，甚至盲目崇拜科學，因而養成同樣根深蒂固的偏見。科學拓寬了我們的視界，加深我們對於宇宙的認識，可是人們却誤把它當做絕對的眞理，當做最後的眞理，甚至當做是唯一的眞理。於是在這提倡科學之聲漫天作響的時代，在這科學技術迷亂得我們口張目呆的時代，我們的人生意義得不到解答，我們的生命價值顯得沒有根據。人們甚至謬誤地進一步相信，這些在科學裏得不到解答的，這些依據科學顯得沒有根據的，一定是虛假的，幻象的，無中生有的。這樣一來，不但談論價值理想屬於空中樓閣，就是提倡感情說到心靈也全是海市蜃樓。根據那樣的想法，人生的性靈層面應該化成心理層面，否則沒有意義；心理現象應該化做生理現象，生理現象應該化做生物現象，生物現象應該更徹底地化做物理化學現象。所以是最後的眞實的，反而是岩石，是沙礫，是骨骼，是細胞——不！是原子，是電子，是中子……。而那些什麼靈性，什麼感情，什麼價值，什麼情操，什麼境界，全是幻影，全屬虛構！

所以，這個「科學時代」最濃煙密佈的陰影，並不只是核子大戰的恐懼，環境污染的驚慌，或者糧食不足，人口過剩，能源缺乏的束手無策。二十世紀的惡夢在於人對自己的剷除和人對自己人生的虛幻感。人的地位不只從宇宙之中心被驅趕出去，更進一層，人的存在也從眞實的領域裏被放逐出來。人類的性靈不再是眞眞實實的存在——細胞的存在遠較眞實。人只是一種動物，一種社會動物，一種政治動物，一種經濟動物；人只是一種機械，一種具有「記憶單位」，具有「邏輯算術單位」，具有「輸入接受單位」和「輸出播送單位」的機械！

這二十世紀的人類啊！我們活在這光輝的科學世紀裏，可是我們却不知怎樣安排我們的道德靈性，不知怎樣標定我們的價值理想，不知怎樣處理我們的宗教情操，不知怎樣選擇我們的生命境界！

這個科學的時代。科學，科學！科學？

科學？科學到底是什麼？

沉溺在科學的陽光和煙霧裏的二十世紀的人們，很少發問這樣的問題，也絕少關心這樣的問題。就是有人苦口婆心爲我們力掃迷霧，娓娓道說，他那微弱的聲音也立刻在這時代的浪潮裏湮沒，不受人們的注意，當然更不爲人們所重視。這是因爲科學在開展技術方面的成就實在太感人，太驚人，太動人，太惑人了，所以一般人在目不暇給，眼花撩亂之中，便隨手抓取一些籠統的概念，粗糙的說詞，於是就信心十足地對科學胡加標榜，亂作推崇；就大胆無恐地自命爲科學的信徒，盲目相信科學能够解答一切的人間疑難，以爲科學足以提供我們所有的宇宙人生眞理，因此，不是科學的，全是假冒；不是科學的，全是玄談；不是科學的，全不足採信；不是科學的，全沒有認知意含。這種唯科學是從，但科學爲眞，非科學莫屬的「科學主義」，事實上起源於人們對於科學內容的一知半解和對科學本質的根本誤認。可是這樣的誤解却普遍存在於今天大多數人的心中，而且根深蒂固積久難改，甚至形成潮流蔚爲風氣。於是道聽途說，訛僞相傳。科學時代這種狹窄心態的一味盲目却變成道理十足，顯得理直氣壯。

試看今日科學主義在我們心目中的地位多優越：常人之迷信與盲從不必細說，就是號稱發展學術爲主旨，延續文化爲要務，造就人才爲目的，開展人類理想爲天職的高等教育機構，也莫不以發展科學爲主流爲趨勢，因此對於科學方面的探討，全心以赴不遺餘力；相反地，對於不是科學的學科——比如人文學科的探索常常只是聊備一格，敬陪末座而已。所以時至今日，精神與性靈的尋求，看來簡直像是人類文化的未盡殘夢；哲學的思索和探討，好像是自古養成，一時難以革除的學人積習與嗜好而已！所以科學家的聲音漫天作響，陣陣迷人，可是哲學家呢？他們當然依舊受我們的「尊重」——我們對他恭維備至，敬而遠之。

然而，人生是個整體。我們的生命不只是一些彼此斷離分裂的游層——物理層、生物層、社會層和性靈層等等的隨便湊集。我們不僅要求衣食溫飽，生活舒適，還要進一步講究感情注重道義。我們不只放眼現實世界，窮理格物，我們還要接着追求理想，探索人性可望提升的境界。我們不只盲目追求快樂，我們更要細心計較選擇：寧可當一個痛苦的人，也不願當一隻快樂的禽獸。

所以只是擁有知識並沒有解決我們人生的全面問題。科學就算囊括了知識的全部，科學的技術卽使能够將人類的每一個夢想都一一實現，我們仍然需要追問，人類該有什麼夢想，該有那種遠景；人生要有什麼目的，它的意義在那裏？因此，我們不只需要科學的研究，我們還需要哲學的思索；我們不僅需要科學的知識，我們還需要哲學的智慧。

科學不只是技藝，它是宇宙眞象的探索；哲學不是一種專業，它是一種人生。

一九八〇年元月二十七日

# 科技‧信念與現代人的感情

這是一個豐盛的時代，也是一個多變的時代；是一個引人向前展望的時代，也是一個叫人回顧深思的時代。在這豐盛而多變的時代裏，人類的許多夢想一一實現了，可是人類的許多希望也不斷瀕於幻滅的邊緣。在這令人前瞻後顧的時代裏，有些人懷着無比的信心和熱望，認爲世界會一天比一天美好，人類的前途會一天比一天光明。可是另外有些人却充滿着疑惑和恐懼，認爲世界已經走向衰敗的道路。表面上的繁華與豐盛終將挽救不了人類的災難。如果我們決策失當處理不愼，人類甚至會遭到滅絕的噩運。

到底是什麼，使我們這個時代變得如此突出？到底是什麼，帶來我們這個世紀的豐盛，也引起這個世紀的巨變？到底是什麼，令多少人對世界的前途充滿信心，也令多少人對人類的命運感懷恐懼？

我們常常聽說，我們所處的時代是個科學的時代。科學在當今人類的文化之中，站在最受人注目的地位，發揮最深遠的影響。可是眞正帶給我們二十世紀的豐盛的，眞正導致社會翻雲覆雨的劇烈變遷的，眞正令多少人對世界前途鼓舞歡欣，也令多少人對人類命運悲觀疑懼的，並不是科學理論或科學知識本身，而是基於這些科學理論與知識所產生出來的技術——科技。科技在我們這個世紀帶來了我們生活上的豐盛，它引起我們社會的劇烈變遷，它也令許多人爲世界前途和人類命運而欣喜而悲嘆。

本來人類從頭開始就是發明技術使用工具的動物。人類一直在運用種種技術解決生活上的問題，幫助工作的效率，實現人生的理想。可是自從十七世紀開始，現代的科學崛起以後，人類在工藝技術上的精進和在科學知識上的發展，互相支援，比肩並進，獲得了豐碩的成果，對人類文明和日常生活產生了重大的貢獻。到了十八世紀末葉，這樣的科技演進終於導致影響深遠的社會變遷，產生所謂的「工業革命」。

工業革命的意義不只停留在以機械代替人力，從事許多生產和製造的工作。從技術上說，人類發展了新的能源，可以大量從煤礦和油礦之中，獲取供應機械工作的動力，不再只是依靠主要由食物的營養所產生出來的人類和其他動物的體能。這一新進的能源不只節省了人類的勞力，減輕人類手脚的負擔，它也使人們能够從冗長甚或煩悶危險的工作中，抽身出來進行其他的活動。可是這種技術的發展，也帶來了許多社會問題，或者令許多原有的社會問題更加嚴重化和尖銳化

——包括失業問題、人口集中的問題、勞資關係問題、財富分配問題、政治體制的改變問題、政治權力之轉移問題以及新思潮新倫理新哲學的產生和引起的激盪的問題。這些問題當中，有的立竿見影，馬上顯現出來，有的經過一段時間的蘊釀和蟄伏才慢慢蔓生衍開來。可是由於每一個社會在歷史、文化、地理、資源、人口、社會結構和演進階段等等因素的種種差異，有的問題在某些社會裏顯得迫切而嚴重，可是在另外某些社會裏卻依舊尚未有明顯的危機。類似地，也由於種種不同因素的影響，有些社會對於解決這些問題獲得較大的成就和功效，可是另外有些社會卻一直不能適當而成功地應付這些問題所形成的社會變遷，一直在適應不良的病症下輾轉不已。

歷史告訴我們，自古人類所發明所應用的技術，經常都是一方面解決了我們的難題，可是另一方面卻又給我們帶來其他的問題。科技也不例外。它一方面提供我們改進生活內容提高生命素質的機會，可是另一方面也引進種種文化上、社會上，甚至人類生存上的諸多危機。不過，一般來說，現代的科技由於在增加生產（尤其是糧食生產），解除饑餓，發展醫藥，消滅病害，以及種種減輕生活痛苦，增加人生快樂上的重大貢獻，因此它爲人類帶來的福利，顯然是件人人有目共睹，不待爭辯的事。事實上，到了十九世紀之末以及二十世紀之初，千千萬萬的人驚歎於科學的成就，讚美技術的萬能，把世界未來的前途和人類將來的幸福，全心全意寄託在科學的發展和科技的進步之上。

這種殷切期望的心情，到了二次世界大戰之後，產生了空前的振盪。原子彈的殺傷力在人們的心裏蒙上一層揮趕不去的陰影。接着醫學藥物引起的弊害，化學製劑造成的環境殘傷，工業殘渣引起的中毒，汽車和工廠的廢氣所產生的空氣污染，核子發電廠排出放射性毒的威脅，以及油輪在海難時所造成的海生毒害等等，在在都引起人們的恐懼和疑慮。人們開始對於科技的發展終久能否普遍保障人類的安全，以及進一步增進人生的福祉，感到擔憂。尤其是核子大戰的危機，一直籠罩徘徊不去，人口的壓力與糧食的生產並沒有突破性的改觀。加以高速電腦普遍使用之後，許多人擔心我們是不是就要與電腦相競爭，甚至有一天是否會被它們所淘汰。再加上晚近的科學研究在生物化學方面的成就，更令人擔憂我們是不是卽將開始控制別人的思想和行爲，進而玩弄生命，蔑視人權尊嚴，把這個世界變成一個喪失自由缺乏人性的機械獨裁社會。

這些憂慮當中，有的也許顯得庸人自擾，沒有確切地從歷史的教訓裏，看出人類急中生智，臨危應變的能力。可是從另一方面來看，許多這類的憂慮也絕非空穴來風，無中生有。二十世紀中葉以後，人類社會在巨大的科技力量衝擊之下，已經逐步地由隱而顯，由個別的事例到普遍的現象，一一顯現適應不良處置無力的敗蹟。在這樣未曾有過的社會激變之下，人類的前途正遭受自己文化史無前例的威脅，我們的精神文明也正面臨着空前未有的挑戰。在這樣的危機之下，身處這個時代的有識之士和有心之士，沒有近憂已經顯得跡近痲木，缺乏遠慮當然更屬不仁無疑。

處在這個劇變的時代裏，人類面臨着許多適應的難關。我們要怎樣在這風起雲湧的變幻光影之中，洞察將來的遠景？我們要怎樣利用傳統的信念和價值標準，處理完全改觀的社會局面？在這激盪變動的情況下，我們要在什麼事物上固定我們的價值和感情？

社會的劇變令許許多多的人在信念上和感情上都顯得無所適從。在信念上，以往追求千古不變的眞理或者絕對永恆的價值那種堅持執迷的心態，似乎在在與這多變的世界格格不入。加以許多人由於驚訝於科技的成就，就誤以爲科學才是唯一可貴的知識，唯一值得採信的眞理，於是就排斥道德，蔑視人文，對於文化價值採取一種懷疑的態度。加上交通的發展，比較文化研究的與盛，更使人不自覺地以爲人的信念——尤其是價值信念不可能有客觀一致的標準，更談不上千古永恆的金科玉律。於是乍然之間，人似乎全都從傳統的信念束縛之中解脫出來了。人不滿於傳統的信念，可是又建立不起新的信念；不滿於傳統的價值理想，可是又建立不起新的價值理想；不滿於傳統的道德信條，可是又建立不起新的道德信條。於是最安全最方便的辦法就是採取一種中立的態度——人們在信念上保持中立，在價值理想上保持中立，在道德執着上保持中立。可是事實上，中立其名，眞空其實。於是我們這個時代到處是信念的眞空，到處是價值的眞空，也到處是道德的眞空。我們往往只能因時施計，因地制宜。我們只有權宜之術，只有方便之計，沒有衷心的主旨和原則，也沒有不可動搖的信念和主張。我們處在一個迷惘的世紀。

迷惘的不只是信念的領域，迷惘的也是現代人的感情。

現代的人往往在感情上變得早熟，可是同時又顯得粗淺。一方面表現前進，另一方面又顯得空虛。這除了由於上面所說的信念空白，價值中立和道德眞空交織而成的迷惘所引起的結果而外，我們更不能忽視科技在現代人的感情成長過程中，所扮演的引導角色。

現代科技發展的結果，加上社會無法及時做出有效而且明智的管制，使得像電視這種大衆傳播媒介早已無需叩門不請自來，登堂入室跑進我們的家裏。因此，我們今日的兒童往往在父母師長還來不及給予他們適當的情育和德育之前，早已從大衆傳播媒介那兒雜亂地採納了許多的情意構想，盲目地學習了種種感情反應。加以父母的忙碌和欠缺遠見，往往令兒童在不知不覺之中，被胡亂地渲染一片心靈的顏色。等到我們眞正要努力去教育他們的時候，常常發覺不是爲時已晚，就是事倍功半。因此，今日我們許多兒童吞食了他們所無法消化的情意內容，他們面對着大人才有能力加以判斷的感情意識，於是他們幼小的心靈就胡加收取，亂作應用，養成現在許多兒童心靈空洞，口舌犀利，腦筋空白，意氣高漲的現象。他們說其所不能理解的話，做其所不知判斷的事，久而久之，他們的情緒怎不混亂，他們的感情怎不迷惘？

不僅如此，科技的演進也令我們改變了孕育感情的方式。現在有多少人是在家庭寧靜的溫暖之中，培養感情？有多少人是在閱讀思索之間孕育情懷？利用情書寄意的時代過了，我們現在轉而應用電話說愛。可是讓我們細想，寫情書所揚發的情和說電話所道出的意，其之爲愛，相差幾何？

迷惑於科技的發展，就錯誤地信以爲科學就是一切，這種心態彌漫着我們這個時代。碰巧科學在處理我們的心靈內容方面，又顯得最落伍，最無能，甚至最錯誤。可是由於人們對於科學的盲從，而科學又從來主張客觀化和外顯化，因此又養成今日我們相信行爲甚於相信感情，注重外表的存在而不重視內心的眞實。我們寧可利用胸前少扣兩個鈕扣來表現我們的「格調」，也不認眞注意內心的優美來表現我們的性情。

當然這些時代的病態並不是科技發展的必然結果。二十世紀的文明敗蹟主要是人類面臨科技帶來的劇變，所做出的不良適應的結果。假如人類對世界的前途仍然存着一種不可輕易取代的關懷，假如我們對自己的將來依舊懷有一份無法隨意放棄的熱情，那麼我們一樣可以集中智慧，去運用科技帶來的機會和效能，扭轉目前的局面，爲人類的前途指出一條比較光明的道路來。

一九八〇年二月一日

# 大學教育

## ——我的夢想與我的建議

在衆多的事業之中，教育是種極爲特別的事業。從事教育的人，最終的目的在於造就別人，而不在於成全自己。正好似父母之於子女，盡心培育而不居功，含辛教養而不圖利。

可是，爲人父母與爲人教師有一個很大的差異。父母與子女之間存在着一份自然的親情。因此就是再不盡職的母親，也往往流露一份母性的愛心。可是教師與學生之間的關係，是因爲職份的選擇所帶來的結果。所以他們之間的關切，往往建立在責任感和職業道德心的基礎上。這就是爲什麼常常有極不稱職，極不負責的教師，他們遺忘了因爲選擇教師這一職份而帶來的特殊責任與道德，誤以爲從事教育也像其他職業一樣，只是糊口謀生的一種手段而已。

我喜歡把爲人師表和爲人父母相提並論，因爲兩者在從事工作的心情上，也有極爲相似之處。比如，世界上絕少有爲人父母者，因爲眼見別的父母沒有像自己這般善待子女，就覺得自己過分盡力，虧待了自己。同樣的，一個從事教育的人，是不是看到其他的教育者曠職懈怠，也就放鬆自己，忽視責任，以求有待自己公平呢？

要不要爲人父母，是自己選擇的結果。同樣的，要不要當一個教育家，也是經由自己意志決定的。沒有人强迫我們非得爲人父母；同樣的，也沒有人强制我們非得爲人師表不可。這類的職份是我們自己選取的。可是選取這樣職份的同時，我們也就承受了與它俱來的責任與道德。於是，爲人父母就得辛勞犧牲；於是，爲人師者就得盡心貢獻。

從這個觀點看來，爲人父母固然不是一種職業，從事教育也不只是一種普通尋常的職業而已。在這個世界上，多少人爲自己的同類背負着沉重的十字架；相反的，另外有多少人却平白沾盡自己同類的光。教育家是個背負着十字架的人。

一個背負着十字架的人，不但要有責任心，同時還得要有使命感。因此，一個從事教育的人，常常不應只是顧及每日在例行事務上的責任與義務。更重要的是，他應該體會他的工作對於社會，對於人羣所可望產生的深遠影響，從而進一步認識自己所擔負的責任。從事教育工作的人，不僅在對人類過去的歷史與文化交待，他還要爲明日的社會與人類的命運負責。教育家不是緬懷過去的人，而是展望將來的人。一切知識的傳授與價值的指望，都只有在人類對自己的將來有所期待之下，才有意義。

從事大學教育的人，特別應該體認這一點。所以我常常夢想：一所大學理應是個充滿着理想與價値氣氛的地方。從事大學教育的人，應該是最講究理想與價値的人。大學是社會裏的一個機構，可是它必須是個極爲突出的機構。如果一所大學在理想與價値的追求上，只是社會不可分辨的一部份，甚至只是社會的縮影，那麼這樣的大學勢必無法帶領社會，趨向理想。類似的，大學裏的人本來是社會裏的一份子，可是他必須是個很獨特的分子。如果一個大學教育工作者所擁讚的原則與追尋的目標，與一般常人所擁讚和追尋的，也絲毫沒有兩樣，那麼他也決不能爲社會指出更光明的遠景。

舉例來說，倘若一般社會的風尙是只講手段不顧理想，大學也就跟着只計利害不重原則；倘若一般社會的普通現象是官僚是貪汚，大學也跟着亦步亦趨，那麼這樣的大學怎能爲社會開創新的風氣，怎能爲人們提供明日的理想？大學從業人員的情況也是一樣。

因此，當我們說「創辦大學的目的在於服務社會」的時候，我們要很細心去考察和瞭解這話的意義。我們應該發問：「大學應該爲社會提供什麼樣的服務？」或者發問：「爲社會提供什麼樣的貢獻，大學才算是盡了它的本份？」

舉例來說，如果社會需要打字員，我們可以開辦打字訓練班；當社會需要司機的時候，我們可以舉辦駕駛訓練班。類似這樣的專業訓練，可以很實際而切實地服務社會，舉辦起來既省時又經濟。那麼我們爲什麼不乾脆取消一般所謂的「全科大學」，而視社會當前的需要，改而創設形形色色，五花八門的專業訓練所呢？換句話說，大學有什麼存在的價値？如果我們能夠回答這個問題，我們也就容易看出大學教育的性質，以及大學理應爲社會提供那一方面的貢獻。

再用例子來說，假定我們需要中學數學教員，我們可以辦理中學數學的「師範班」，專門培養中學數學教員。說不定只需一年兩載，就可以造就一個個頗爲優秀的教員，勝任中學數學的教學工作。那麼由花費了四年的時間與精力的大學畢業生，來充當中學的教育工作，豈不是一種絕大的浪費嗎？

在我看來，答案是否定的。一個社會的進展，合理化，尤其是適應變動以及渡過難關的能力，不能只靠現成現有的觀念，理論和技藝；更重要的是看那個社會所含藏的「潛存智能」。任何社會都可能時時刻刻面臨新的問題和新的挑戰。這時「創發性」的解決方式，常常是必不可少的。可是創造發明的能力和方法，却不能死板地做成公式，使人可以依樣套用。這就是爲什麼我們需要創發性的心智的緣故。而我認爲大學教育的主要目的，就在於培養這種心智——不僅是訓練一些只知套用公式，只能遵從習慣，只會根據規章法令去解決問題的人。一所大學應該在這一方面爲社會提供它的獨特貢獻。這也就是它不會（也不該）被專業訓練所加以取代的原因（和理由）。

如果大學的功能或任務確如上述的話，那麼我們也就不難設想，大學應該採取什麼樣的教育方式和教學措施。在此處，讓我們只提出其中的兩個要項：

第一，我們都知道，當今是個在知識上高度分割的時代。這一種知識的高度分割，帶來一個顯而易見的危機。那就是對於人類平衡而健全的心智的一種威脅。現在我們所處的時代，是個「專家」滿天的時代。這些專家代表人類知識的高貴成就。可是我們在讚賞他們的尖端成就之餘，還要發問：這類專家的努力，有多少是與社會的安危與人類的禍福產生直接關聯的？有多少專家是直接參與計劃人類的前途和社會的命運的？我們常常發覺一個優秀的專家所潛心研究的，只是一些芝麻細小的專題。他所研究的成果，在整個人類知識系統裏，有什麼重要性；或者在整個人類價值脈絡裏，有什麼意義；有時甚至連專家自己也不明白。於是，我們眼見這個時代多少智慧之士獻身在進行深入的鑽研，可是他們却迷失在系統的濃霧之中，看不清自己辛勞工作的脈絡意含。「爲知識而知識」，「爲藝術而藝術」，「爲眞理而眞理」……「爲x而x」，這在二十世紀末葉，已成一種謬誤，甚至成了人類理性上的笑話[1]。我們應該及時提倡富於人本主義色彩的口號：「爲人生而知識」，「爲人生而藝術」，「爲人生而眞理」！

當我們在設計大學教育的施行方針時，我們不能忘却一所大學在這方面的任務。也是從這個觀點去設想，所謂「通才教育」才顯現出它的眞實意義與正面價值。也只要從這個觀點看，我們就明白大學實施通才教育的必要性和迫切性。

第二點值得申述的是有關大學的教學方式。大學最重要的功能，既然在於培養創發性的心智。那麼我們的教學措施就應該着重於鍛鍊學生獨立思考的能力，鼓勵他們在批判性的思想上的興趣和深度。今天我們的大學生普遍受着過份沉重的教條式之功課負擔，沒有時間和精力留下來充當自己認眞鍛鍊思考之用。他們絕大部份的時間，只把心靈開放做爲別人的思想和概念的操作場所。久而久之，我們只能「訓練」專業人員，無法「教育」智慧之士。這樣一來，大學也就放棄了對於社會所應該提供的最重要的貢獻。

我們大學裏的學生，所必須修習的功課往往過多，這是個不容忽視的現象。我們設計課程的時候，也許很少顧慮到我們自己教育的目的和教育的效果。通常我們只是抄襲歐美大學的課程。人家有的課，我們也覺得非有不可。但是，如果我們只是一味地模仿，而不設想我們自己大學的歷史使命，文化任務和社會功能，那麼我們一定無法辦成一所獨特而優異的大學，一所眞正能够在我們的文化裏肩負領導使命，繼往開來的大學，我們最多只能辦出一所其他優秀大學的雜併影子。當我們只是模仿，只忙於抄襲的時候，我們也就無暇創造，慢慢地喪失了對於自己的前途之展望與理想。所以，我建議我們優先設想：我們到底要培養什麼樣的畢業生？我們的大學在此時此地負有什麼重要的使命？這樣我們才容易構想我們大學教育的遠景，從而扐畫出它的藍圖。我們不能只是爲辦教育而辦教育，只是爲辦大學而辦大學（爲x而x！），我們應該爲這個社會的將來辦大學，我們應該爲下一個世代辦大學；我們不能只把大學辦成專業訓練所，我們應該把它辦成是培育有識之士，有志之士和有情之士的地方。這才是大學對社會的眞正貢獻，也才是它所應該提供的社會功能。

在這樣的構想之下，無疑地，大學理該是個充滿理想與價值氣氛的地方；從事大學工作的人，理該是最講究理想與價值的人。於是，我常常夢想，大學裏面應該率先革除一般存在社會裏的不良風氣與陋習。比方，人們厭惡的官僚氣息不應在大學裏叢生；師生的關係應該建立在關懷、愛護和對理想的追求之上，而不應該建立在「販賣知識」的商賈與顧客的關係上❷。大學是個教育機構，也是個理想價值的小小實驗場所。比如我們寄望社會上的平等和公正，那麼我們就不應該對於校內的高層人士擺出一種面孔，而對於低層人士卻存着另一種完全不同的態度。我常常在夢想：在大學裏頭，不但行政人員要與一般「官員」有別，教員要與一般教書匠不同；就是大學裏的司機或工友，也應該與一般的司機和工友不同，否則的話，大學怎能爲社會帶來新的價值和理想，它只不過是社會的一個縮影而已。

一九七五年一月

❶ 像「爲眞理而眞理」這樣的口號，可能（但不一定）代表一種純潔的追求心態；但是它經常（雖非必然）不是指出一種健全的處世方式。試想：「爲眞理而眞理」看似純潔可喜，可是「爲愛而愛」呢？更不需要設想什麼「爲金錢而金錢」，「爲憤怒而憤怒」，「爲殺人而殺人」了！所以，「爲x而x」本身，並不是一個可欲的處事原則。

❷ 有些地方，教育變成知識的販賣，因此教員與學生的關係幾乎淪爲商賈與顧客的關係。也有些地方，教員着意討好學生，一味以學生之意見爲意見，以他們的喜好爲喜好，這是當今某些地方的大學教育所呈現之可悲的現象。

# 大學教育與大學生

## 甚麼是「大學生的責任」問題？

當我們把「大學生的責任」，當做一個問題來討論，因而發問「他們應盡的責任是甚麼？」這時事實上，我們所面臨的是一個複雜而又多面性的問題，並不是一個單純確定的題目。比如，我們可以把大學生的責任問題，至少區別爲兩個雖然互相關聯，但却並不雷同的問題；經此區分，它們各自具有比較確切的意義；因此要討論起來，也比較知道如何着手。不像只是漫談，只是泛論那樣的不着邊際。

第一個問題可以明白寫成「在學四年的大學學生的任務是甚麼？」（當然這時年數到底是四年，是三年，或是六年，那是無關緊要的）。簡稱「在校大學生的任務是甚麼？」

如果我們談論大學生的責任，而心目中所存有的問題是上述這一個；那麼顯然我們只以那些現階段在大學就學的學生爲對象。於是，我們所要發問的問題，也許是類似：我們應該如何善用這四年的光陰？我們應該專心學術的研討，或者兼顧課外活動？我們應該埋首書本，或是盡情戀愛？我們應該只管增進知識，或者也要注重品德的培養？我們應該不加考慮地遵守學校規定，不必思索地信從教師們的指導；或是應該檢討學校教育政策，批判先生教學作爲？我們應該積極地參加學生運動？或者那只是一種浪費時間，消耗精力的舉動？怎樣才算是一個堂堂正正的大學生？怎樣的言行才算是合乎大學生的道德標準？大學生的社會功能是甚麼？他們的時代使命怎樣？

像這樣的問題，以及其他許許多多與之密切相關的問題，都可以關聯到目前在學的大學學生的任務問題之上。如果有人對於大學生的責任問題，直截了當的回答說：「大學生的責任，就是努力向學，好好讀書」。顯然在他心目中，大學生的責任問題，就是這裏所說的第一個問題。它是針對現階段正在大學裏就學的學生而發的。

我們所要列舉的第二個問題，它所含蓋的範圍，就遠較廣大。我們可以將這個問題寫成「受過大學教育的知識份子，他們的任務是甚麼？」所謂受過大學教育的知識份子，當然是指那些當過大學生，或者當完了大學生的人。讓我們把這樣的人暫且稱爲「知識份子」或者「高層知識份子」（避免使用「高等」或「高級」這類已經帶有情緒意含的字眼）。那麼，此一第二問題就可以改寫爲：「（高層）知識份子的任務是甚麼？」

如果有人對「甚麼是大學生的責任」，不加遲疑地回答說：「他們的責任在於改造社會，在於建設國家」。那麼他所懷有的問題，顯然是我們所提的第二個問題。我們總不至於說，大學四年的使命是在改造社會與建設國家，這樣艱巨的工作。

假定我們談及大學生的責任時，意指的是（高層）知識份子的責任問題；那麼，當我們面對在校的大學生，討論這個問題的時候，我們顯然是希望他們把大學的四年，當做是個磨鍊實習的階段，以便將來成爲一個堂堂正正的知識份子。

當然我們很容易看得出，上述的兩個問題是息息相關的，因爲大學四年的修養與學習，正是將來擔負艱巨使命的準備；也可以說，大學生就是將來成爲高層知識份子的初階。也許就是由於這樣的緊密相關，每當我們討論大學生的責任問題時，我們常常忽略了把我們所要談論的，到底是前述的那一問題，標定清楚。

對於我們來說，也許第一個問題比第二個問題，更眞實，更迫切，更重要；因此討論起來，更有意義。因爲我們正投身在大學四年的過程當中，急切地希望瞭解自己所扮演的角色，肯定自己應該挑負的責任。可是當我們要設法解答這個問題的時候，我們將不可避免地碰到許多更基本的問題。大學四年並不是可以從我們的人生之中，完全割離的一段時光。在校的大學生的使命，也因而不能完全獨立於他們將來的理想、目標和任務，去加以考察和加以觀照。簡單地說，不瞭解高層知識份子的使命，不足以談論在校大學生的責任；要瞭解在校大學生的使命，唯有預先討由於這種本末先後的緣故，雖然也許上述的第一個問題，才是對我們而言較親切，較實際的問題；可是我們也只好暫時將它擱置一旁，等待將來有機會時再加以詳細的討論。

## 大學教育的目的

現在我們所要討論的是高層知識份子的責任問題。由於我們可以把大學看做是孕育這些知識份子的溫床；四年的大學教育當做是人們投身高層知識份子的準備階段和起點。因此，讓我們先從大學教育的目的說起。

談到大學教育的目的時，首先我們想到的，也許就是從事高深的學術研究。高深的學術一直是與大學關聯在一起的。可是我們要注意的是，它並不只意味着所謂象牙塔式的鑽研。尤其是在今日這個科技高度發達的時代，我們已經不再能夠只訴諸常識和直覺，去解決所有的社會問題或人類問題。我們需要每一部門的專家，分工合作，共同解決我們所面臨的複雜問題。比如通貨膨脹，錢幣發生問題，我們需要經濟學家；作物收成不好，品質退化，我們需要農業專家。訴諸專門人士的道理，自古已然；可是處在目前這種高度組織，高度科技，人與人的關係愈來愈接近，因此彼此之間的相互影響愈來愈深遠，愈來愈直接的時候，我們已經不能只訴諸一己的嗜好與直覺；我們需要信從知識，以它做爲我們的行爲根據和決策基礎。因此，高深的學術研究，在當今的世界裏，具有很實際而且很急迫的功用。

談及高階知識，有一點我們應該注意。所謂純粹學術與應用科技是息息相關的。這是因爲我們並沒有一定的標準，可以用來區分理論問題與實際問題之故。這一分界常常是要依據我們的目的、需要和事情事物的發展程度而定。五十年前，設想在太空裏修理太空艙，顯然只有理論上的興趣；而今它却變成一個很現實的實際問題了。（當然它還不是一個大衆化的問題）。

因此，所謂「象牙塔式的鑽研」，其所意指（甚至其所詬病）的，主要還是在於那種隔離的態度和超脫的心境；而不是在於其鑽研的內容和研究所得的成果。象牙塔裏研究出來的成果，不一定不能用來服務大衆，造益人羣。

我們要强調的大學教育第二個目的，是優美情操的培養。自古以來—尤其是在西方的傳統，以及其影響之下—人們常常强調「人是理性的動物」。人之異於其他動物，而堪稱爲「萬物之靈」者，似乎也正是因爲他在理性方面的發達。人類發展理性，建立知識，產生文明，征服自然，使他能够傲視萬物，成了世界的主宰。可是人類的文化不是只靠冷冰冰的理性建立起來的；人類的文明也不是單憑純粹的理智就足以開展下去，繼續發揚光大的。只有理性，並不足以保證我們一個美好的人生，單靠知識，並不能爲人類創造出一個更光明的遠景。人生的可貴也在於（甚至更在於）「人是有情的動物」。我們對家人親愛，對朋友和善；關懷同胞，甚至同情其他陌生的人類。這種感情是我們關心社會利益的基礎，也是我們關懷人類前途的動因。

只憑理性是不足以產生我們的感情生活的。舉一個很簡單的例子來說。我們爲甚麼要孝敬父母？是因爲他們把我們生到這個世界的緣故嗎？可是我們並沒有自動申請要來的呀。那麼是不是因爲他們供給我們衣食，所以我們要加以報償呢？可是我們並沒有同意借貸啊。任憑我們怎樣去設想，只靠我們的理智，是不足以囘答這類問題的。事實上，孝敬父母對我們來說，是最自然不過的事。長年的一起生活，父母對我們的關切，慈愛，照料和犧牲，養成我們對他們深厚的親情；因爲我們自己也是個「有情的動物」的緣故。這是我們孝敬父母的感情上的原因；但它並不是理智上的基礎。

再舉一個進一步的例子。我們爲甚麼要反對使用核子武器？是因爲那會導致世界的毁滅與人類的滅亡嗎？假定有人挑戰說：世界毁滅與人類滅亡有甚麼不好呢？那時我們應該怎樣作答？假定我們對別人求生的欲望，絲毫沒有同情；假定我們對於人類將來的前途，一點都不關心；也就是說，假定我們對同類全無感情；那麼，誰能說得出不要摧毁世界，不能滅亡人類的純粹理性上的根據？

我們在上面曾經指出，單單强調「人是理性的動物」是不够的。當然這並不表示，只强調「人是有情的動物」就足够了。人生的美好在於理性與感情的交互發展和平衡表露。當理性的太陽下山之後，我們要有感情的月光。理性需要倚靠感情的推動，而感情必須抑賴理性，指導它的方向。

因此大學教育的目的，不應只是爲了培養具備高度理性的知識份子；它也在於孕育懷有高度感情和優美情操的人。

第三個目的是，培養引導社會的道德力量。這裏所謂的「道德」是廣義的，不僅指謂着個人日常生活裏的操守；它是廣指一切指導行爲的精神力量。

由於我們過分相信理性的功能，過分相信科學的用處，我們常常誤以爲社會的秩序，可以建立在嚴格的「契約」和細密的法律之上。因而我們可以訴諸理性和科學，來規劃社會的建構，指導人類行爲的方向。可是，這樣的想法未免對於法律或科學這類的事物，寄望過重，超乎它們所能負荷的程度。比方，以法律來說，它本身並不是無時不在的慧眼，也不是無所不知的神靈；它若推行得好，也許可以有效地防止某些不應發生的行爲，可是它却不足以積極地指導我們，帶動社會，朝着理想的方向前進。追求理想是一種自動自發的作爲，那要靠我們的體認、關切與熱心。往往在法律長眠之際，正是道德初醒的時刻。我們的「良心」，絕不是法律條文培育出來的。

第四個很重要的目的，在於建立反省（反思，反想，反照）的能力，培養反省的習慣。

知識份子既然是指導社會的動力，他們就不應該只是一羣但知依循以往的習慣，只會遵從過去做法的人。如果我們不能脫離歷史的羈絆，我們就無法描繪理想的藍圖。我們要指出將來的道路，往往就不能一成不變地陷落在舊有的窠穴之中。有時我們必須勇敢地站起來批評，站起來反抗。我們明知這不是一個合理的世界，可是我們却常常不自覺地以爲歷史自動地朝着理性的方向運動。其實，人類的理性與社會的合理化，絕不是從天自動掉下來的。那是人類長期奮鬥反抗爭取到的一點結果。

在道德勇氣以及情調情操的培養上理該如此，在學問的建立上也應該如此。我們往往看到一羣學生，只知道（而且只有能力）陶醉在他們的老師的光耀之下，而不能擺脫師長們的光影，去做自由的思想，去做獨立的思考。這是教育的失敗，更是社會的損失。一個爲人師者，一生當中最大的悲哀，莫過於沒有教導出一個比他優秀，比他智慧，比他富於熱情，和比他更有理想的學生。大學教育若不能培養學生獨立思考的能力，鼓勵他們獨立思考的精神，養成他們獨立思考的習慣；那麼，那樣的大學所培養出來的，不是活潑生動，聰明智慧的知識份子；它所製造出來的，只是一羣腦子裏充滿着概念、記號、公式與條文的人。這樣的人是什麼樣的人我不知道，但他們絕不會是足以指導社會，標定理想的人。

一九七三年十月二十二日

# 知識份子與政治

由於一般人的知識水準普遍提高，由於知識發展的專業化，專技化和尖端化，當今什麼樣的人算是傳統意義的知識份子，不再是一個顯而易見的事。比起歷史上的其他時代，現在當我們使用「知識份子」一詞時，其確義為何，它指的是那類的人，更需要一番探討和釐清。

一般人的知識水準提高，包括兩方面的現象：一是愈來愈多的人接受了正規教育，成了具有頗爲廣泛的一般知識的人；一是這種廣泛的一般知識，隨着時代的推進，不斷增加它的廣度和深度。我們常常說「民智」的不斷增高，所指的往往主要從這個角度着眼。

## 知識份子該扮演什麼角色？

可是一個國家或社會的民智程度，却不能只是單方面地取決於一般國民教育的普及程度、基礎教育的內容水準，以及國民平均教育的素質等等。我們還得考慮該社會或國家在高等教育上的種種情況：其普及程度如何，其內容如何，其方向與素質如何等等。不僅如此，我們更需進一步注意受過高等教育的知識份子，在該社會裏所扮演的是什麼樣的角色。

所以我們不能只是靜態地訴諸統計數字，計算全體國民的平均教育程度，做爲衡量民智的唯一準則。我們還得從動態方面着眼，看看高層的知識，怎麼被一般擁有基層知識的人所瞭解，所接受，所信賴，所採納，進而成爲他們思想與行爲的依據。從另一個角度看來，也就是說，我們必須注意高層知識份子怎樣引導社會——尤其是引導社會上的基層知識份子，怎樣在社會上行使一種積極或消極的功能。

只從靜態方面着眼，我們最多只能看出潛存或潛藏上的民智。爲了簡單方便起見，讓我們稱之爲「潛在民智」。從動態方面觀看，我們才能得到在實效上或功能上，可以運用，可望展現的民智。讓我們簡稱之爲「功能民智」或「實效民智」。

然而一談起高層知識，我們就不得不注意當今知識發展的尖端化，專技化和專業化，這是愈來愈明顯的趨勢。在這樣的趨勢之下，區別潛在民智與實效民智具有很迫切的意義。

當我們談論民智的提高時，固然常常把它看成是政績的部分表現，或是社會改革的片面成績。可是從積極一點的意義上看，民智的提高必須能够爲社會提供新的動力，爲國家開啓新的遠景。這樣的民智才終久與國民生命素質的改進和生活內容的演化，產生實質上的關聯。否則空談民智的提高，只是以它做爲裝飾點綴而已。從這樣的積極意義上觀之，我們所應該着重考慮的，顯然是實效民智而不只是潛在民智。

## 尖端知識不易被「通俗化」與「大衆化」

在尖端化，專技化與專業化的趨勢下，並不是一個社會裏的每一種知識上的展進，都意味着該社會的實效民智的相應提高。有些高層知識的成就，比較直接導致民智的成長；另外有些高層知識上的進步，則很間接地才與民智的變化發生關係。有些知識上的尖端成績，在某一學科裏顯得意義重大，可是却不容易被「通俗化」與「大衆化」。因此不容易眞正導致民智的提升。甚至有時由於有意地對它試着加以推廣普及，反而導致一般人對該領域的專門知識，產生曲解和誤會。於是道聽塗說，訛謬相傳，引起許多知識上的過失與錯誤。這樣顯然不能算是從正面上有助於民智的提高。加以知識的專技化，使得許多知識的發展，從概念的使用上，從語言的表達方式上和從研究的專技方法上，就與大衆的普及知識不相銜接，沒有整合。這樣的專技化，常常在學科自己本身，具有重要的意義。它使得專門知識，儘可能地擺脫一般常識與普通信念不必要的羈縛；在發展和演進上，不輕易受專科以外的事物所干擾和阻礙，使得許多學科的發展，從常識、成見和普通知識裏抽身離開，脫殼而出，獨立發展，突飛猛進。專技化提高了學術水準，可是也孤立了學術領域；它使得專門知識不輕易受外界的人所誤解，可是也造成它的成果不易爲一般人所瞭解。尤其是在知識專業化的情況之下，每一個高層知識的研究人員，絕大多數都只顧自己專技知識的鑽研，而不顧或無力理會自己的專門知識領域以外的學術；無力探討自己的知識領域和其他知識領域的關聯；更無法顧慮到自己的專門知識和一般人的普遍信念和常識之間的交流銜接。於是，我們的社會在知識上愈來愈顯明地呈現一種縱面上的割裂與橫面上的分離。

從縱的方面來說，在尖端的層次上，浮遊着高層知識裏的可貴成就。可是這些成就往往必須等待漫長的時日——如果有那麼一天的話——才可望與基層知識密切相關，才可望爲一般人所瞭解，所接受；或者更進一步成爲可以在日常生活裏應用的學理根據。比如許多社會科學裏的學理成立與實際被一般人所接受和應用之間，往往相距數十年。類似地，早被懷疑或早受揚棄的理論，往往却繼續在社會上流傳「應用」，久而未能歇止停息。其他領域的知識，往往也類似如此。

從橫的方面來說，不同的學科領域之間，由於研究對象的不同（或對所研究的對象的注意層面不同），由於所使用的研究方法不同（或對方法應用上的着重點不同），由於發展出來的概念性質與理論結構之不同（或所使用的語言不同），往往彼此之間互無交流，沒有聯繫。尤有甚者，不同學科領域裏的學者，由於上述的孤立與隔閡往往因而對於自己領域之外的學術，起於沒有瞭解，而終於種種誤會。接着自然而然地放大自己學術領域的優越性和有用性，誇張自己所鑽研的問題之重要性；有時甚或低估其他學術領域的地位與功用，貶降其他領域的問題之重要性。於是不僅出現自古而然的「文人相輕」，更進一步演成而今爲烈的異科藐視。比如對於社會國家問題，政治學家、經濟學家、社會學家……歷史家、哲學家，都自認爲自己是最適當最合理的發言人。沒有考慮自己對這種「天下事」的性質與範圍，是否有過通盤的考察；對種種相關問題，是否有能力做到全面的透視。在我們這個時代，由於知識的專技化與尖端化的趨勢，加上在我們教育施行上採取的分科教育和專才教育的推波助瀾，當今我們固然培養出許多學有專長的高層知識份子，教育了不少又精又細的各類專家。可是我們這樣的做法也使得許多人的知識走向狹隘，使得許多人的眼光趨於偏頗，使得許多人的心胸流於狹窄。當今我們的高層知識份子，往往是一羣很有偏見的人。

所以我們要在今日談論知識份子與政治，極需一份愼思與明辨，否則在一片大現象之間，往往看不出細膩的關鍵，察覺不到問題之錯綜複雜；我們接着所做的論斷，也因而容易失諸含糊或流於錯謬。

## 喚醒知識份子對政治的關心

現在讓我們發問：平時我們爲什麼要談論知識份子與政治的事？很明顯地，其中最重要的目的，常常是在喚醒知識份子對政治的關心，或者檢討知識份子理應如何關心政治等等。可是政治既然是大家的事，那麼不是大家都應該一起來關心政治作爲，檢討政治得失嗎？爲什麼我們要特別强調知識份子在這方面的職責或功能呢？

傳統上所謂的知識份子，指的是那些讀過書的人——尤其所謂「讀聖賢書」的人。在人們的心目中，讀書人理應具有讀書人的責任與品德。他們的努力不只爲了想要獨善其身，而且還爲了想要兼善天下；他們不只是些致知明理的人，而且更是些崇德尙義的人；他們要爲天地立心，要爲萬民立命。因此他們能够廣受一般人的信任與愛戴，進而充當人們的表率，代表社會之良心，成爲國民的發言人。

這樣的知識份子顯然具有很重要的社會功能。由於他們立言的目的不是志在徇私，由於他們論政的考慮不是心存利己，因此在他們的努力倡導之下，社會上能够形成一股公論的洪流，產生一份道義的力量。社會上考慮大衆事務的時候，大家能够試圖採取一種公益的角度，而不只把一切事務全都建立在私人或小集團的利害衝突或利益爭分的觀點上。採取一種超越獨立的道德理想，對社會國家的生命和前景，具有不可抹滅的貢獻。國家的生機與社會的滋長，必須仰賴一股精神的力量，不能只是依靠軍事的强大，經濟的發達和技術的進步而已。知識份子就在這個關鍵上，扮演着一種看似無力，但却影響深遠，無法被輕易取代的道義角色。

而今，時代徹頭徹尾地改變了。比起傳統的讀書人，當今的知識份子成了一批與彼等大異其趣，極不相同的人。

讓我們這樣設想：在我們這個時代，在我們這個社會裏，是不是知識愈長進，道德就愈發達？是不是學術上的鑽研愈深奧，道義上的勇氣就愈增高？是不是學問愈精專的人，就愈有對社會國家的使命感？是不是愈高層的知識份子，就愈有深度的公益胸懷？那麼面對着我們社會國家的遠景，面對着世界人類的前途與希望，誰能充當那不徇私的社會良心？誰來做爲人們的精神表率？誰來代表社會公益，做爲社會的代言人？

在這樣的觀照之下，我們不禁要發問：誰是當今的讀書人？誰是理應爲天地立心、爲萬民立命的知識份子？在今天這種知識發展潮流裏，在我們的教育措施下，受過基礎教育的，就算是知識份子嗎？大學畢業的，就算是知識份子嗎？有了博士學位的，就算是知識份子嗎？得了諾貝爾獎金的，就算是知識份子嗎？

## 道德的洪流，公義的力量

在知識的追求不斷地尖端化，專技化與專業化的今天，我們不得不認眞而嚴肅地發問這些問題。我們的社會需要有一股道德的洪流，我們的社會需要有一種公義的力量。然而，當今什麼人能够肩負起這擔重任，振臂高呼，開導這股洪流，造成這份力量？如今我們的許多高層知識份子，一方面在心智上充滿着狹窄、獨斷與偏見，可是在另一方面，在道義上，在精神上和在信仰上，却又顯得一片空白，毫無定見，全沒把握！我們的社會要往何處去？我們的國家要往何處去？

這不是一種空洞的泛道德主義。個人生命的充實，需要一種意義的憑藉；同樣的，社會國家的生氣蓬勃，有賴一股不可破滅的精神力量。知識份子的使命感，並不是一些無根的浮萍；一般國民的道德勇氣，也不只是一幢虛幻的空中樓閣。我們的精神力量，固然要建立在理性的基礎上，可是只顧知識上的專技追求，並不能爲我們的社會自動帶來精神的內容和價值的方向。

能爲我們的社會帶來精神力量的，不可能只是尖端的學術；能爲我們的國民帶來道德勇氣的，不可能只是專技的知識；同樣地，能够爲我們的國家帶來光明的前途和遠景的，顯然也不可能只是專業的才華。我們這樣說，當然不是在反對尖端學術；相反地，我們必須努力加以提倡。我們當然也不是在排斥專技知識，相反地，我們應該認眞加以鼓勵。同樣的，我們絕對不是輕視和否定專業的才華，相反地，我們必須盡心盡力地加以培養。可是，只有尖端的學術是不足够的，它可能見樹木而不見森林；只有專技的知識是不足够的，它常常因爲追求深度却忘了廣度；同樣的，只有專業才華也是不足够的，它可能充滿知識但却缺少智慧。

所以，今天理應受器重受推崇的知識份子，不應該只是一些大腦發達，但是心靈萎縮的讀書人。今天眞正能够領導我們的社會，做爲我們精神支柱和道德力量的，不只要是一些有知之士，而且要是一些有識之士；不只要是一些有識之士，而且要是一些有智之士；不只要是一些有智之士，而且要是一些有情之士。有知而無識，怎能爲我們的社會帶來光明的遠景？有識而無智，怎能爲我們的國家帶來精神的力量？有智而無情，怎能喚起我們國民的道德勇氣？我們的社會需要一片光明的遠景，我們的國家需要一股精神的力量，我們的國民需要一份道德的勇氣；因此：我們不僅需要有知之士，我們需要有識之士；我們不僅需要有識之士，我們需要有智之士；我們不僅需要有智之士，我們需要有情之士。我們需要這樣的讀書人，我們需要這一類的知識份子。

目前我們特別需要知識份子一起來關心政治，因爲今天我們再也不是處於「天高皇帝遠」的時代；因爲當今政治上的每一樣措施與作爲，都直接間接影響我們的生存，塑造我們的人生；因爲今天「人性是政治的產物」；因爲時至今日，個人的力量往往不足以改造社會，不足以提高人們的生命素質。我們需要衆人聯合起來的政治力量；因爲今日的政治事務日趨複雜多端，內政問題與國際事務密切關繫。我們需要多方面的智力與專才；因爲當今我們國民所追求的，不再只是最基本的生存條件——衣食的溫飽；我們還要爭取人權的發揚，追求生命素質的提高。我們需要道德的信仰，我們需要精神的力量；因爲在這個民智普遍提高的時代，我們需要哲學的智慧，不只需要歷史的聰明；因爲……，因爲……。

最近，在我們的社會裏，讀書人愈來愈生有一份對政治的關懷。這是一個令人欣喜，令人鼓舞的現象。我們的社會需要知識份子那種不志在徇私，不心存已利的公正的言論、明澈的見識和無比的熱情。這樣，我們的社會才可望由於他們的努力，獲得新的生機，產生新的動力。

## 應該積極參與政爭

知識份子不只應該關心政治，他們也應該積極參與政事。但是一開始實際從事政治之後，知識份子就得格外小心謹慎，努力發揮他們那種大公無私的精神，保持他們那種暢達無比的見識，繼續追求智慧，謹愼善用熱情。這樣才不致於在無意之間慢慢變得心胸狹窄，眼光短淺，見識閉塞；甚至欠缺智慧，濫用熱情。所以從了政的知識份子，還是不是知識份子；從了政的讀書人，還是不是讀書人，那就要看他們在有能，有力，有權，甚至有勢，有術之後，是不是仍然能夠保持曠達的見識、過人的智慧與無私的熱情。政治常常令人變得腐敗，政治常常令人變得眼光短淺，政治常常令人變得庸俗，政治常常令人變得昏亂，政治甚至常常令人變得殘忍冷酷。因此，若不小心謹愼，嚴守智慧原則，知識份子在參政之後，常常變得不再是知識份子；讀書人在熱衷政治之後，常常變得不再是讀書人。可是那時我們的社會啊！我們仍然需要那眞正的有識之士，我們仍然需要那眞正的有智之士，我們仍然需要那眞正的有情之士。

一九七九年十月卅一日。

# 大衆化•可大衆化與「大衆文化」

○

目前有很多人開始懷着積極參政的意願，尤其是一些知識份子爲然。與這種意願相伴而生的，就是廣泛的政治討論和深入的政治批評。這兩件事——參政的意願和對政治的論評——在我們的社會來說，起步得很遲，發展得甚爲緩慢。可是現在却有一種蓬勃活潑的朝氣。這是一件值得鼓勵和令人慶幸的事。因爲這正是民主社會的開展所不可或缺的「能源」，也正是推動社會進步所不可缺少的動力。

可是由於我們的社會在民主政治的實際推行方面比較落後，成績亦遠不如理想。我們以往一般人的參政和論政大多走在一條崎嶇不平和間接迂廻的道路上。於是在這個發展的過程中，長久以來不可避免地積壓了許多問題，也凍結了許多情緒；而今，一旦要開始認眞從事參政和論政的時候，我們就猛然發覺在我們通往民主的道路途中，呈現着絕大的缺口和一些沒有架上橋樑的鴻溝。許多我們老早該已討論過的問題，我們至今尚未加以認眞討論；許多我們老早應該已經具備的認識，我們至今依舊茫然無知；許多我們老早該有的心智準備和習慣修養，我們至今仍然付諸闕如；許多我們老早應該揚發的情懷和情緒，我們至今還是封閉壓縮，積久成苦，積久成悶，積久成病，積久成災。我們缺少徹底的討論，缺少坦誠的交流。好似長年疏於通訊的朋友，一旦提起筆來竟不知說些什麼話，不知從那兒開始才好一樣，我們今天要開始在荒廢已久的泥土上，着手建立眞正的民主，總令人有百廢待興，不知從何做起的感覺。

然而，儘速在我們社會裏建立起健全的民主政治制度，實現民主的政治作爲，追求眞正的民主理想，却是我們當前一件刻不容緩的要事。於是擺在我們面前就有一些艱苦而繁重的工作。我們必須努力彌補過去遺留下來的空白，開始做基礎的舖路架橋的工作，使得我們民主事業的發展，進行起來比較順利，比較圓滿；比較沒有白費心機，比較沒有浪費精力；比較起來不必無謂地付出過分而不必要的痛苦和損傷。

在這類的基礎工作之中，如何引發大家——特別是知識份子之間——開誠眞摯的討論，這是絕對不可缺少的一項巨大工程。我們的知識份子特別應該體認到這方面的職責，努力喚起民衆，將思量自己的問題，思量社會的問題和思量國家的問題。我們必須從最根本的觀念和想法着手，將這些足以左右我們更進一步的思想，影響我們決定如何行動的觀念和思想，挖掘出來，從頭考慮，重新評價。在我們的思想上，我們永遠不怕做得過分認眞，做得過分深入；我們絕對不嫌做得過分仔細，做得過分精確。只有我們首先能在思想上建立起堅强穩固的信念基礎，養成愼思明察的洞悉能力，我們才不致於在歷史的浪潮裏，變成隨波逐流的浮影；也才不致於在政治的波動起伏中，充當一些只會搖旗喊吶的工具。我們需要有能力決定自己社會的走向，有意志開拓社會將來的遠景，有熱情投入實現理想的奮鬪之中。可是理想並不只是盲目的熱情，我們社會明日的希望也不只建立在憑空的呼喊之中。爲了不盲目，爲了能够脚踏實地去開拓我們民主事業的前途，我們首先必須培養批判性的思考以及獨立性的判斷能力。加强這方面的自我訓練，養成這方面的處事習慣。事實上，這對所有的人類而言，都是一樣基本而重要，可是在我們目前的社會情境之下——在我們正要設法尋索決定我們的方向和命運的時候，它更顯出一種危機中的迫切感。

## 1

不久以前，在一些有關臺灣政治前途的討論之中，有的作者曾在爲文論列之際，使用了「大衆社會」、「大衆文化」和「大衆政治」等概念。但是他們並沒有對這些基本概念加以適當而有用的分析。然而，在我們現階段的政治討論中，那些是重要概念的一部份，因此我們準備對之加以進一步的分析討論。在這篇文章裏，讓我們先分析討論「大衆文化」的問題。

## 2

我們暫且先不理會那些著名的社會學家對「大衆文化」怎麼說，把它說成什麼，以及對它做了什麼樣的評價。因爲孤離地抽出他們的見解，往往不容易確定它們的系統意義和整體內涵。讓我們改換一個方式，試從比較接近我們自己的經驗着手，從比較顯而易見的現象出發。

在一個時代一個社會裏，不論它的「大衆文化」的實質內容如何，堪稱爲「大衆文化」的，首先必須是一些「大衆化」的東西。因此，現在就讓我們先來分析一下「大衆化」這個概念的內容。

平時，我們對許多不同種類的事物，都可以冠上「大衆化」這個形容詞。我們可以說某樣東西的價格是種「大衆化」的價格，意思就是說，那樣東西是人人（絕大多數的人）所買得起的。我們也可以說在目前的臺灣，電視已經成爲「大衆化」的娛樂，意思就是說，電視節目成了「人人」觀賞的休閒餘興內容。同樣地，我們也可以說某一個作家所寫的小說內容很「大衆化」，意思就是說，那些小說寫得平易近人，通俗能懂。類似這樣地，我們也可以說某一種音樂成了「大衆化」的音樂，某一種衣飾成了「大衆化」的服裝，某一種房子成了「大衆化」的住宅，某一種餐式成了「大衆化」的午餐，某一種髮型成了「大衆化」的髮型；我們甚至可以說，某一種言辭儀表成了「大衆化」的談吐方式。不僅如此，我們也可以說，棒球運動的「大衆化」，知識的「大衆化」，政治（參與）的「大衆化」等等。

只要我們繼續想下去，就很容易發覺還有許許多多的事物，我們都同樣可以加以「大衆化」這樣的稱號或形容。同樣地，只要我們小心比較，研究許多例子之間的差異，也不難認出同樣被我們稱爲「大衆化」的，若要細膩區別起來，其實有不盡相同的意含和內容。雖然這些不同的意含與內容之間，有時差別細微，甚至互有關聯，以致在平常的用法之中，我們常常未加分辨，未予區別，以爲它們呈現出單一的性質和內容。

粗略說來，所謂「大衆化」主要含有下列幾個不盡相同的意含。在有些例子裏，同時有幾種意含夾雜其間。

(1) 有時當我們說某某項目是個「大衆化」的項目時，指的是該項目乃是人人（一般的人或絕大多數的人）「望而可及」（不只可「即」），或是人人「可望可及」的項目。換句話說，那是絕大多數的人（或一般人）如果想要的話，普遍有能力辦到，有機會獲得和有辦法付諸實現的項目。它尤其指一些一般人都敢於希冀而不覺得是一種奢望或非份之想的項目。比如在有些社會裏，自備的汽車是種大衆化的交通工具，因爲那是人人可望可及的項目。在該社會裏的一般人，期望有這樣的東西並不是一種奢望或非份之想；獲得這樣的項目，也不是一件困難重重的事。可是在另外某些社會裏，私用的汽車就不是大衆化的交通工具。在那樣的社會裏，該項目並不是人人可望可及的東西。如果一個普通的人竟做如此企求，那很可能只是夢想或幻想，那樣的希望對於一般人來說是種奢望，甚至被認爲是一種非份之想。類似地，在許多社會裏，電話成了大衆化的通訊方式，但在另外的社會裏就不是。在許多社會裏，看電影成了大衆化的娛樂方式，但在另外的社會裏就不是。在有些社會裏，讀書看報成了大衆化的文娛活動，但在另外的社會裏就不是。諸如此類。

有許多因素支配和影響這些項目的大衆化。比如一個社會的經濟發展，國民的平均收入，工業技術進展的程度，甚至政治結構、工商措施、歷史傳統和文化特性等等，都足以影響這類東西的大衆化，使得某些項目變成人人普遍可望可及的東西。

(2) 有時當我們說某某項目是個「大衆化」的項目時，指的是該項目乃是人人（一般的人或絕大多數的人）所推崇，所喜愛，所讚擁，所追求的項目。（或者是一些若有機會人人會傾向於推崇，喜愛，讚擁和追求的東西）。這樣的項目常常是在一個社會裏演爲潮流，造成風尙的東西。例如，在我們社會的某段時間，讀武俠小說成爲絕大多數的人所喜愛的消遣文娛活動。大家競相爭讀，造成時尙，蔚爲風氣。因此武俠小說在該時該地，也就成了一種大衆化的讀物。可是相反地，言情小說、偵探小說、推理小說、科學小說和哲理小說等等，就沒有如此受人歡迎，不成潮流，不成風氣，沒有成爲在這種意義之下的大衆化的讀物。又如，有一段時間，在我們的社會裏，超短裙（「迷你裙」）成了大衆化的服裝（而不只是某些少數人的特殊標記），不但少女穿，其他女子也穿，成爲風氣，造成潮流。使社會上的一般人，不論男子女子，都以超短裙爲順眼，爲時髦，爲具有美感。

有時這一個意義的大衆化，假定着上述第一種意義的大衆化。前者往往需要以後者爲基礎或先決條件。當然一種項目不一定因爲人人可望可及或望而可及，就自動會大衆化起來。因爲還有許多因素決定我們是否普遍接受該項目，普遍地喜愛它和讚擁它。比如，基於歷史文化和傳統道德的緣故，像透視裝、上空裝、裸跑、天體運動和換妻等等這類東西，大約在短期內不會在我們的社會裏大衆化起來。可是相反地，像洋服、洋貨之類的東西，却大大不然了。又如，在某一個社會裏的人，也許人人都有能力購置汽車，可是由於大家對於能源問題的關心和對於「公害」方面的顧慮，可能一致決定儘量捨棄私人的交通工具，改變習慣，改用公共交通工具。於是私有的汽車也就不再成爲該社會裏的大衆化的交通工具了。

(3) 有時當我們說某某項目是個「大衆化」的項目時，指的是該項目已經成爲人人（一般人或絕大多數的人）習以爲常的東西。一般人往往不加思索，沒有懷疑地採納它，利用它或信賴它。比如，以前在我們的社會裏，孝順父母，尊敬師長是大家習以爲常，認爲理所當然的東西。它成了「大衆化」的道德。類似地，崇奉祖先，膜拜神靈，也是一般人認爲天經地義，想當然耳的事。那也成了「大衆化」的「宗教」信念。通常一般人懷有這類的道德和信仰，是因爲它已經成爲社會裏的習俗，已經是大家的習慣。一般人往往不加思索，不加反省，就加以採納，拿來遵從。在每一個社會裏，都有一些爲一般人所習以爲常的大衆化的觀念，大衆化的想法，大衆化的主張，大衆化的信條。比方，以前人們相信神靈，後來相信帝王君主，後來相信科學，相信民主，相信自由與人權。這些東西在不同的時代，成了大衆化的信念，一般人普遍相信它們，但是通常却不一定知道爲什麼如此採信。只知其當然，只信其當然。

(4) 有時當我們說某某項目是種「大衆化」的項目時，意思是說該項目是種平易近人，通俗可懂的東西。比如，在我們目前的社會裏，白話文是大衆化的語文工具，可是文言文却不是。「黃梅調」曾經是種大衆化的音樂，可是西方的古典音樂就不是。同樣的，某些普通的小說家，可能因爲作品的淺白易懂，老幼皆知，成了大衆化的作家；相反的，有的一流詩人却因用字古雅，難懂難解，而不爲人所認識。

有許多觀念、思想、理論和藝術作品，因爲淺白易懂，通俗可解，因此普遍爲人所瞭解，爲人所接受，爲人所欣賞。因此變得普及化，變得大衆化。相反地，另外有些觀念、思想、理論和藝術作品，却因爲難懂費解，奇異不凡，不容易爲大多數的人所領會，所接納，所欣賞。我們經常讓通俗平凡的事物佔據了我們的心靈，於是高超深奧的事物，往往無緣在我們的心智和感情上生根。

## 3

在上一段話裏，我們簡單地列舉了四種不同意義的「大衆化」。值得我們注意的是，每一種意義的大衆化，都各自有它成立的基礎、根據或先行條件。然而，在實際的事態裏，幾種大衆化的條件可能結伴在一起，交互作用。比如，有些東西可能既是廉價的，因此是人人可望可及的；可是它又是趨時風尚的，因爲大家養成對它加以接受和讚擁的態度；而這個態度之所以形成，又是因爲那東西容易爲人所接受，易於爲人所瞭解的緣故。諸如此類，不待詳說。

第二點值得注意的是，上述的四種大衆化只是對於我們目前的討論而言，最相干和最值得我們注意的四種。我們如果細心對「大衆化」一詞的用法和意含，進一步深入加以考察，就會發現還有其他意義與其他層次的大衆化。比如有的大衆化是由於政治上的措施，人爲地製造出來，甚至是强制地演做出來的。所以有的大衆化是一般人自動自發的選擇得來的結果，但是有的却不是。又如，有的大衆化是社會其他的力量（比如經濟力量）促成的。比方現在盛行的「消費主義」（鼓勵消費，促進消費，幫助消費，輔導消費）開創出一大片的大衆化現象，使得許多項目成了大衆化的項目。（這些項目大部份是商品，但却不盡然。比如音響器材的大衆化帶來某些音樂的大衆化；書報的大衆化引起知識的大衆化等等）。

第三點應該提出來一說的，就是「大衆化」涵蘊着「普及化」。我們也可以說，普及化是所有形式與意義下的所有大衆化之共通要素。不僅如此，在許多場合裏，「普及化」與「大衆化」常被當作是同義語。不過，一般而論，「大衆化」往往進一步含有爲一般人所普遍採納、接受、讚擁或欣賞的內涵。它雖然不一定是人們有意自覺和自動自發的選擇所形成的結果，可是當一種事物變成大衆化了之後，人們往往競相採取，積久成習，蔚爲風氣。

# 4

爲了比較確實地標定「大衆化」一詞的涵義，讓我們試試尋找「大衆化」的反面到底意含着什麼。首先讓我們這樣發問：如果我們提倡某一項目的大衆化，那麼我們所反對的到底是什麼？一般而論，當我們倡議某某事物的大衆化的時候，我們所反對的主要約略有下列諸端：

(1) 有時我們所反對的是該項事物的「特權化」。在某些社會裏，有的事物是少數人所獨佔的。那些事物成了他們專有而且特有的專利和享受。不是具有那種特權的人，往往就不能佔有該事物或者分享該事物。尤有甚者，那樣的事物經常並不是依靠那些特權份子的努力所獲取的，也不是他們運用心智或努力所得到的結晶。比如，在有些社會裏，接受高等教育是一種特權。只有某個階級，某種背景或某種成分的人，才有機會接受高等教育。在那樣的社會裏，一個人是不是獲准進大學，受高等教育，並不取決於他的知識、能力或其他個人方面的優越表現。他是不是有這種機會，完全決定在他是否屬於那種特權的範圍。又如，在某些社會裏，政治是種特權化的東西。在那樣的社會裏，並不是一般的人普遍都可以參與政治之事。只有少數有特權的人，才有參政和問政的機會。在有的社會裏，許許多多的事物都可能被特權化起來。比如，不只教育可以特權化，政治可以特權化，工業商業可以特權化，文化事業也可以特權化；就連娛樂、運動、衣飾、飲食、起居等等都可能加以特權化起來，使得只有少數享有特權的人才可以擁有，才能够經營，才有機會佔用，才有權利享受。

特權的形成——尤其是特權的維持——往往不是依靠個人的智慧和其他能力。特權往往是通過社會建構、政治建構、經濟建構而形成，來運作，去維持的。當我們提倡大衆化的時候，我們很少反對個人的權益，我們所反對的是建構化的特權。事實上，我們所以反對建構化的特權，通常正是因爲我們想要保障一般大衆的個人權益。

⑵有時當我們倡議某某事物的大衆化時，我們所反對的是該項事物的「貴族化」。在一個擁有世襲的貴族和封爵的制度的社會裏，這點是很容易瞭解的。可是不在那樣的社會之中，不在那樣的制度之下，也往往有類似的情況發生。有時候，社會上的少數人形成團體，構結組織，自尊自貴，排斥外人。這樣的集團的組成目的，有時候只在幫助成員追求某一種目標，但不妨礙社會上的其他人，對於類似的目標之追求。比方，有一些同學會、聯誼會、同鄉會就是。但是相反地，有一些集團之成立之目的在於把持和操縱某一方面的社會成果，專權獨佔一些理應屬於大衆的權力和利益。這類的集團常常利用輿論和其他種種方式，造成信念，使一般人以爲他們的專利與壟斷是理所當然，「利」有應得，或者勢所必然的——因爲那些人有獨特的智慧，有過人的眼光，有超越的能力，有優秀的背景，甚至讓人家以爲他們擔負着責無旁貸的歷史使命和文化精神的傳統等等。於是一般無知不察的大衆，也就信以爲眞，望而却步，甚至不敢亂生「妄想」。那樣的專利也就變成一些一般的大衆所可望而不可及，甚至不可及也不可望的東西。尤有甚者，這

類的集團可能進一步利用政治、經濟、甚至宗教、文化等建構化的力量，保障其專權，備護其獨佔，於是「貴族化」和「特權化」也就密切地携手同謀，合作無間，造成對社會大衆的危害。當然，像貴族化這類的東西，在今天這個時代裏，已經表現得比以往較含蓄，較間接，較「文明」，較複雜，因此也較不易爲人察覺眞象。反對貴族化的主要精神在於反對壟斷，反對無理的獨佔。反對貴族化並非反對優秀，反對崇高，反對超人的智慧或能力等等。事實上，反對貴族化正是要使一般有才能的大衆，也有機會表現優秀，表現崇高，表現智慧和能力。

(3) 有時當我們倡言某某事物的大衆化時，我們所反對的（或認爲應該盡力避免的）是該項事物的「專門化」（或者「專技化」）。

所有的文化都不斷地往廣度和深度兩個方面發展和演進，但是這兩方面經常並非同時並進的。不過，一個文明若要能夠提供給一般人適當而合理的發展條件的話，那麼它必須在其廣度和深度方面建立一種健全的平衡與協調。二十世紀文明的高速發展，太過偏重於深度方面的追求，而無法兼顧到廣度方面的協調。一切的事物都朝着專門化和專技化的道路上走，一往直趨，勇猛前進。科學專技化，藝術專技化，文學專技化，就是哲學也專技化了。一切的知識都不斷地專門化和專技化，因此除了某一領域裏的專家學者之外，其他的人愈來愈難以理解該科的精確內容和確實的意義，這樣的專門化和專技化，逐漸地造成文化的斷裂和隔離，使一般大衆——包括一般的知識份子，處於一種經驗與學理間的疏離狀態之下，同時也處在狹隘的坐井觀天的情境之中。

這顯然是我們這個世紀的一種病態表現。它是本世紀文明的一大危機。

不僅如此，隨着知識的專門化與專技化，隨着這樣的文化斷裂與隔離，我們現代人的感情生活與情意經驗，也產生病態的變化。那些對於一般大衆而言似眞似假，但却因爲冠以科學之名，以致大家都因不知怎樣否定，所以常常只好照着相信的心理學說，令千千萬萬的人懷疑自己的感情，對於自己的感性經驗束手無策。現在有許許多多的人對自己疑神疑鬼，每以爲自己心理有問題，每以爲自己不能適應社會，每以爲自己有這種情結，有那種錯綜等等。今天有許多人再也不覺得表達感情是件自然，正常而簡單的事了。在像弗絡伊德，行爲主義的學說的籠罩氾濫之下，我們這個時代就連一般人們的感情問題，都變得「專技化」了。

因此，提倡知識的大衆化，就是反對讓知識只論爲少數專家才能理解才能運用的特殊產品。提倡藝術的大衆化，目的在於使得絕大多數的人，都能夠欣賞人類藝術的高度成就。所以，知識大衆化決非要盲目地剷除人類在知識上的高深成就，令人類在那方面的成果蕩然無存。同樣的，藝術的大衆化，也決非要將人類尖端高貴的藝術產品拋付東流，只剩下粗俗難耐的假藝術。

(4) 有時當我們提倡某事物的大衆化時，我們所反對（或者想要排除）的是該事物的「高貴化」。

高貴化有時和貴族化緊密地關聯在一起。兩者互相加强，交互運用。可是在許多情況下，它却具有其本身的獨特性。

要討論高貴化的問題之前，我們首先必須區別在性質上極爲不同的兩種高貴化。第一種高貴化是偶發的，隨意的；它與事物的本身沒有必然而確定的關係。比如，只因屬於皇族爲什麼就比平民高貴，盛裝艷服爲什麼比素裝淡服高貴，「之乎也者」爲什麼比「的呀了嗎」高貴。「上流社會」爲什麼比大衆社會高貴。諸如此類，這種習俗上和傳統遺留下來的高貴性，並沒有跟事物在本身的特性產生必然或密切的關聯。正好像一個出身皇族的人，並不一定比一般人聰慧或多才多藝一樣。

有時我們因爲追求樸素、簡單、自然和不嬌作的生活和事物，因此反對人爲的造化，反對虛僞的高貴性。這時提倡大衆化常常就是提倡返回純樸和天眞，標榜保留單純和自然；決不是鼓勵平庸和俗氣，提倡低劣與醜陋。

第二種高貴化與事物本身的其他特性具有密切的關聯。比如一個人基於長期的研究和經驗，所獲取的寶貴心得，常常不是我們所可以輕易加以抄襲與模仿。那樣的心得自有它的高貴性。一個人在痛苦的堅持中孕育出來的優美感情，也常常不是粗淺的一般感受所可比擬。那樣的感情自有它的高貴性。一個人經過苦心的琢磨和崇高的寄望，鍛鍊出來的深刻道德，也往往不是常人的一般行止所可以望其項背。那樣的道德自有它的高貴性。同樣地，深睿的智慧有它的高貴性，深刻的思想有它的高貴性，優美的人格有它的高貴性，高超的眼光有它的高貴性，神聖的性靈有它的高貴性，過人的才華有它的高貴性，崇高的理想有它的高貴性，偉大的創作有它的高貴性，像這類的高貴性正是人類所努力追求的價值，因此那些高貴的事物決不是我們所要反對的事物，它們也決不是我們所要打倒的目標。

事實上，我們每一個人生活的最大意義在於改善我們生命的素質，走向優美，走向智慧，走向崇高。我們不只在工作時，講究優秀的品質，就是在遊戲玩樂之間，也要生活得優美和精彩。（比如下棋要下得精彩，打拳要打得優美）。這種價值的追求就是一種高貴化的追求。因此我們決不是盲目的反對高貴，我們所反對的只是矯作出來的，沒有意義的冒充高貴罷了。

時下有些人反對「精英主義」。但是我們必須謹愼區別精英和精英主義的不同。我們所反對的不是精英，我們所要排斥的也許是精英主義。我們需要社會精英，因爲我們希望活得更優美，更智慧，更崇高——只要努力，這是人人可望的，也常常是人人可及的。每一個人都可以是社會上的精英。

## 5

基於上面的分析和討論，我們知道大衆化的要求並不是一種盲目的粗淺化，淺薄化，低俗化，拙劣化和空洞化的要求。正相反地，提倡大衆化有一個中心目的，就是要使得一般廣大的羣衆，都有機會去尋求自己生活的意義，改善自己生命的素質；使一般大衆不只把自己的人生漫無目的地充當別人生命的養料。因此，提倡大衆化的精義應該是爲了使一般的大衆都能走向優秀，走向美好和走向崇高，提倡大衆化不應該與此背道而馳。所以，大衆化的目標決不是要將社會已有的優秀拉低下來，與人共平庸；決不是要將社會已有的美好拉低下來，與人共卑陋；也決不是要將社會已有的崇高拉低下來，與人共低俗。所以，提倡大衆化必須是提倡一種積極的，向上進取的努力；而不是提倡一種消極的，往下拉平的主張。

並不是世界上所有的事物都很容易加以大衆化。當然更不是所有容易加以大衆化的東西都是有價值有意義的。偷懶很容易大衆化，但是它有什麼價值？自私很容易大衆化，但是它有什麼價值？投機取巧很容易大衆化，但是它有什麼價值？上衣少扣兩粒扣子趕新潮很容易大衆化，但是它有什麼價值？所以，當然不是所有的事物都應該加以大衆化。賭博何必大衆化？吸毒何必大衆化？貪污何必大衆化？奢侈何必大衆化？浪費何必大衆化？盜竊何必大衆化？不但如此，它們應該去除，應該滅絕。那麼什麼樣的事物值得加以大衆化呢？什麼樣的東西需要加以大衆化呢？

爲了社會的健全發展，爲了文明的平衡與進步，爲了個人生命素質的提高和生活意義的增進，我們應該努力提倡知識的大衆化，權益的大衆化，政治的大衆化和財富的大衆化。

(1) 知識的大衆化——我們要能做出明智的抉擇和理性的行爲，除了必須要有一份熱情、信心與毅力而外，更要有充分的知識做指導。人類的知識不是由少數人所獨立創造的，即使是偉大的思想家和科學家，也像牛頓所說的一樣，是站在人類智慧的巨人之雙肩上，才會有他們獨特的成就和貢獻。因此，知識是人類全體的財產，不應該由少數人所獨佔，也不應該受某些集團所控制和壟斷。知識的獨佔和控制會引起一般人在心智上的閉塞和在見解上的偏差，使他們不能做出正確的分析，理性的判斷和明智的抉擇，妨礙他們人生裏的種種努力和追求。所以我們要大力提倡知識的公開，提倡知識的分享，提倡知識的大衆化。

所謂知識的公開和分享，應該不只限於「學院性」「學術性」的知識。這裏所指的知識應該廣含一切的消息、新聞和資料；因爲這些全都是我們思想、判斷、選擇和行動的重要參考依據。新聞不開放，足以造成我們眼光的狹窄；消息的封鎖，足以造成我們判斷的錯誤；資料不公開，足以造成我們思想的偏頗，妨礙我們明智的選擇。這些封鎖、不開放和不公開，令我們的行動失去穩固合理的依據。

(2) **權益的大衆化**——現代的社會是個高度組織化的社會，現代的文明是種到處層層建構化的文明。個人在這樣的社會和文明之中，再也不能以自己單獨的意志和力量，有效地保障自己的生存；很難以無依無靠的個人，抵抗有組織的勢力，一貫地堅持自己的理想和主張。我們需要在基本上有一種最低限度的保障，使人能夠在追求生活內容的增進的時候，沒有個體安全的顧慮，在尋索生命素質提高的時候，沒有入獄被逮的威脅；在思考社會的理想和國家的前途之際，不會反而落得連性命都成問題。這些最基本最低度的保障，是人生的必要條件，是人性的發揚所不可或缺的條件，也是人類尊嚴所賴以成立的條件。這些是最基本的人權，是每一個人都應該擁有的人權，也正是我們應該努力提倡使其大衆化的基本權益。

在這些基本人權之中，除了生命安全的保障和人身自由的保障而外，最值得我們一再強調的，就是思想自由的保障，言論自由的保障，獲取知識的保障和享有教育機會的保障。當今一個社會的安全和進步，首先必須仰賴一般大衆的健全心智。推行賢民政策，國家社會才有前途；採取愚民措施，國家社會就沒有希望。因此，我們必須將這些最基本的人權加以大衆化，增進個人的幸福，也促進社會的進步和國家的安定。

有些人對於思想的自由和言論的開放懷着一種多餘的恐懼，以爲思想和言論的自由和開放會帶來社會的動盪與不安。因此贊成在社會上採取種種的檢查和管制，來保護一般大衆在思想上的一元性和在言論上的齊一性。其實這是極端危險的做法。這種做法隱藏着莫大的危機，像是在表面看似平靜的土地下，掩埋一顆活生生的定時炸彈一樣。我們要免於疾病的傳染，不應該從過濾大氣的辦法着手。這是不切實際，無功無效的作法。我們當然更不應該以禁止呼吸來對付。這是種自殺的行徑。我們應該努力提高體質，增進健康，藉以加強改進對疾病的抵抗能力。這才是有效的治本辦法。應付思想上的病患，也是如此。

所以我們應該提倡教育的大衆化，提倡知識的大衆化，提倡思想自由的大衆化，提倡言論自由的大衆化。我們應該以開放代替封閉，不可以用禁止呼吸代替鍛鍊身體，以達到免除疾病的目的。

(3) 政治的大衆化——在重重建構化的社會裏，在政治的力量指導一切其他措施的今天，個人要有所保障，個人的智慧與力量要能夠貢獻到社會的建設上面的話，首先個人必須要有論政和參政的基本權力。只有在每一個人都有權論政，有權參政的情況下，社會上的其他權益才能夠有確實的保障，才不致於受少數的人或某些特殊的集團所獨佔，所控制，所壟斷。在今天的社會裏，政治上的保障成了其他一切保障的起點。因此，政治上的大衆化成了其他大衆化的基石。

由於政治的大衆化在民主的社會裏，是如此基本而重要的項目，因此我們應該另闢專文對它加以分析和討論，暫時不在這裏詳談。

(4) **財富的大衆化**——由於社會結構、經濟制度和政治措施的交互作用，今天社會裏的財富往往呈現一種不公平的病態分佈。社會上的大量財產集中在少數人和少數集團手上。今天個人的財富所得常常不能眞正反映一個人的努力和貢獻。社會經濟愈走愈遠離「各盡所能，各取所需」的理想。所以我們必須努力設法改正這種不公平不合理的財富分佈現象，使我們的社會逐漸走向「均富」的理想，而不是愈來愈陷入「貧富不均」「貧者益貧富者益富」的病象。

我們必須提倡財富的大衆化，使得一般的大衆在經濟上都有公平的保障。關於這點，也因為問題的繁雜多端，應交另文處理，暫時無法在本文裏詳加闡釋和討論。

## 6

那麼是不是應該加以大衆化的項目，我們就能夠很容易地加以大衆化呢？如果不是的話，那麼我們到底應該怎樣處理大衆化的問題呢？事實上，我們平時到底是怎樣對許多事物加以大衆化呢？

首先讓我們舉個例子來說。我們都認爲知識應該大衆化。可是，是不是每一個人（或絕大多數的人）都能够很容易地瞭解人類所有的知識成就呢？顯然不是。事實上，每一種人間的成就都是一條辛苦的道路——不只知識的成就如此。我們是不是立志要瞭解愛因斯坦，就很容易瞭解他（的理論）？同樣的，我們是不是有心成爲好人，就自動變成了好人；有意大公無私，就自動變得大公無私；想要獨立思考，就馬上能够獨立思考；希望感情優美，就立刻變得感情優美；企圖思想深刻，就跟着變得思想深刻；追求聰明智慧，就搖身變得聰明智慧？在人生裏，一切的思想、知識、道德、文章……都不是一蹴而幾，垂手可得的。一切的人生美好和成就，都是辛苦琢磨的結晶。所以事事物物的「可大衆化」程度，也有它深淺難易的分別。而今我們業已說過，並非所有的事物都值得大衆化，都應該加以大衆化。因爲大衆化的精義決不在於盲目的粗淺化、淺薄化、低俗化、拙劣化和空洞化。提倡大衆化不是要把高的拉低來認同，而是要把低的提高來共享人類的成就，開創人類更高尚的將來。

因此前文所列舉的大衆化，主要的精神在於機會的均等，在於起點上的不被阻塞和不受窒息。也可以說，那是機會的大衆化，可能性和可行性的大衆化。這樣的大衆化不是種砍頭削足的假平等。它的積極意義在於令每一個人在人生美好的追求上，都有登高行遠的機會。它的正面價值在於使人人都能夠在公正合理的情況下，分配和分享人類的成就。

可是爲了能夠在比較短期的時間內，使一般的大衆有機會實際分享人類的成就，有時我們等不及運用直接而徹底的方法，我們只能退而求其次，改用間接的方式，改用模擬的方式和取代的方式來進行。有時，在這樣做的時候，我們不可避免地只好犧牲一些原有的準確性，犧牲一點原有的深度，犧牲一部分原有的優美和高貴。可是在重重困難之下，有時這種間接模擬的方式，似乎是唯一最可行的辦法。

比如，我們也許不可能令所有的人在所有的時候都準確地瞭解現代物理學（比如量子論和相對論）的內容。可是爲了要使得一般的大衆分享人類在這方面的科學成就，幫助他們建立現代人的宇宙觀、世界觀和人生觀，我們只好改用較不準確的語言，做一番所謂通俗的描寫，令一般人可以瞭解，易於接受。但是，這時我們得注意，我們在這種通俗化的闡釋下所接受的，並不是原來理論的眞面目。當然，我們的通俗化與大衆化也不能做得過分離譜，以致歪曲了理論的眞義，把科學變成「冒牌科學」，把眞理變成了冒牌的似是而非的假義。

類似的，有些深奧的藝術和文學，也可能不易加以大衆化。有時我們勉强將之加以淺白約略的改寫、翻譯或再製，以適應大衆化的需要。同樣地，這時再製出來的作品，經常並不全等於原來的創作。

有時候我們以爲是某項事物的大衆化的版本，實際上却是一種改頭換面，冒牌充數的取代品。比如，我們常常覺得這是一個科學的時代，一般人都口口聲聲在說信奉科學和信賴科學。因此我們會以爲科學在今日的社會裏，業已是種普遍大衆化了的東西。事實上，只要我們稍加細察，就會看出情形遠非如此。人們一般信奉的不是科學——不是科學理論，不是科學精義。我們一般信奉的是科學技藝，是實用的科技。當然科技的突飛猛進，令一般人對科學產生無比的崇敬，可是喜愛科技，應用科技和推廣科技的結果，並不自動將科學的眞義加以適當的大衆化。所以，我們所得到的不是眞正的科學之大衆化，我們所得到的只是一種科學大衆化的幻影。

政治的大衆化也是如此。政治的作爲與措施也有它專門的層面和高深的層面。政治的事務含有許許多多不是一般未加深思，沒有訓練的人，只憑直覺，只靠感官就能想淸就能解決的問題。因此，我們也常常以間接的辦法，委託有知有識，有才有能的人，來代替我們管理政治上的事。

從邏輯上看來，只要有人辦得到的事，那麼所有的人都可以辦得到——只要大家都有那些人的聰明、才智、努力、興趣、時間、精神、意願和毅力等等。可是人類並非在這些方面都完全齊一，一概相等的。所以，提倡大衆化的努力，最後並不一定達到大衆化的預期結果。這時我們絕對不能以表面上似乎有着大衆化的情勢和傾向，就以爲大衆化是一種具有成果的事實，就以爲事實上已經有了大衆化的實質內容。有時候我們只有口號，只有久呼口號帶來的興奮和錯覺，並沒有切實相應的成果和實效。

從這樣的角度觀之，我們也就不難想像，爲什麼在這個如此講究人人平等，如此講究大家一樣的時代裏，我們仍然需要依賴他人，需要委託他人，需要聽信他人的緣故。也從這個角度觀之，我們就發現爲什麼我們不能完全拋棄權威，完全拋棄專家，完全拋棄社會各方面的精英之原因和理由。

## 7

不論「大衆文化」的實質內容爲何，在一個時代裏，某一個社會的大衆文化所表現出來的，就是該一社會的一般大衆所讚擁，所傾向，所喜愛，所追求的生活方式——包括大家常常假定的人生意義和生命價值。

即使我們相信社會上的一般民智日日提高；即使我們相信每一個人隨着知識的提高，他的見解也跟着深刻；即使我們相信一個人隨着見解的深刻化，他的道德也跟着增進；即使我們相信一個人的道德增進了，他的感情也就跟着優美起來。即使我們可以假定這麼多的「即使」，我們仍然可以發問：是不是一般大衆所讚擁的就是眞的？是不是一般大衆所傾向的就是善的？是不是一般大衆所喜愛的就是美的？是不是一般大衆所追求的就是有價值有意義的？因爲我們仍然還要考慮，對於某一問題而言，我們的一般知識夠不夠完全，夠不夠深入，夠不夠充當指導我們從事選擇的根據。不但如此，我們還要考慮，人們是否選擇使用知識，或者寧可背棄眞理；選擇遵從理性，或者選擇順應自己一時一地的其他衝動。何況上述那些「即使」全都是大有問題的「即使」，它們全部都是錯綜複雜，千頭萬緒的「卽使」。

大衆文化不應該只是趕時髦的東西，大衆文化也不應該只是順應潮流的產品；大衆文化不應該只是工業化和商業化的副產物，大衆文化也不應該只是「消費主義」雷厲風行的結果所帶來的歷史的包袱。我們不應該盲目地以爲凡是大衆文化就是好的，凡是大衆文化就是代表進步的。我們必須發問：我們爲什麼要提倡大衆化？什麼事物應該加以大衆化？我們要怎樣將它們加以大衆化。我們必須發問：什麼樣的大衆文化有助於增進我們一般人的生活意義？什麼樣的大衆文化有助於激發一般人生命素質的提高？什麼樣的大衆文化可以導致社會的進步？什麼樣的大衆文化能够帶來人類文明的發揚？

一九七九年十二月九日

# 而未嘗往也！

## ——追憶先師方東美先生

方老師逝世兩年了。每當想起他的時候，內心裏就湧起無盡的思念和感傷。

由於機緣關係，我與方先生的接近和交往是大學畢業以後的事。可是他的品德和風範，早在大學時代的初期，就留給我很深刻的印象，影響我日後爲學的旨趣，同時也加強我對哲學理想的把握與堅持。

記得初進臺灣大學的時候，我仍然像在高中時代一樣，迷醉於文學中的哲理，嚮往和追求感動心靈的事物。這樣的性情本來很容易接受方先生教學的撼動和感染。可是不巧，大一那年似乎正逢方先生休假，因此沒有機會上他的課，也同時在這一年裏，我被邏輯的精密、嚴格和系統的優美所吸引，開始壓制內心裏其他方面的躍動，在哲學上沉迷於當代解析哲學裏的專技問題——尤其是邏輯經驗論者所標示出來的知識論問題——把自己的注意力收斂在狹小的範圍裏。所以大二那年開始修讀方先生的西洋哲學史課的時候，心境上雖然深深地受他那種天空海闊，源遠流長的講授方式所激動——那時特別喜愛他將古今文學裏的智慧游絲，繫接到博大的哲學系統裏——但是我始終沒有前往方先生那兒去問學和求解惑。事後想來，這固然是由於那時自己的眼光短淺，注意力狹窄；可是另一方面也跟自己那時的膽小有關。

方先生是位富有尊嚴而令人敬畏的老師。他上課認眞而不輕易談笑。因此他的學生在課堂上也保持一種極爲嚴肅的態度。那時他的課通常連續三小時，中間沒有停頓休息。每次方先生從容走進教室，步上講臺，坐定下來後，目光烱烱，掃射四方；雙掌交握，如臨戰壇。接着以宏亮的聲音，堅定的語調，口若懸河，滔滔不絕地講下去。他時而引經據典，宣揚眞理；時而批判古今學說，力掃惑人迷霧。天馬行空，馳騁萬里。我們學生坐在底下，不是傾耳聆聽，就是埋首筆記。大家都不習慣在課堂上發問請教，深怕打斷他那江河浩蕩的思想和侃侃不絕的言論。下課之後，自己卽使有所懷疑有所迷惑，也覺得那只是自己用功不足所致。因此每天只知「泡」在那時臺大圖書館的「參考股」裏埋首翻書讀書，試圖尋求答案。偶爾在讀書思索之餘，似有所得，也不敢在先生面前弄斧。最多只敢在同學之間硏討辯論，交換心得；或將之寫在少作之中，自己玩賞而已。現在回想起來，那時的膽小對於我的爲學實在是莫大的損失。

方先生上課時，不但嚴肅認眞，而且每逢批評錯謬的學說與人事時，更是絲毫不怠。他每講到激動處，目光似炬，雙眼如鷹；聲聲如號角，句句像點兵。坐在講臺下聽他的演講，每每發人深省，有時更令人義憤塡膺。那時我就常常私下暗想：愛智者應該以此爲模範，爲師者理當把他做典型。

大三那年我選修方先生的「人生哲學」課。記得上學期的期考那天，我們一大班同學靜靜地坐在課堂上等候出題。方先生進來，拿起粉筆一口氣龍飛鳳舞地寫滿了一個黑板。除了最末一句是在引發我們爲文之外，其他就是一篇完整的短文。這就是一題試題！難怪有些同學看了，當場給嚇住了。也難怪據說以前在國內，有個女孩子考方先生的試時，當場嚇得碰然一聲暈倒。記得在那篇人生哲學的試卷上，我大膽盡情地抒發平日自己對人生意義的思慮所得，並且從理論內部批判邏輯經驗論對價值問題的毫無建樹。我並沒有着意去發揮方先生在課堂上宣揚的觀點與言論。可是成績公佈之日，出乎意料之外竟然發現得了全班最高分。這是我第一次感覺到方先生的教學並不志在收信徒立門戶。只要學生能夠細心思想，就是與他的教導不是同一論調的想法，也能受他的欣賞。這種認識更增加我對方先生的一份敬意。過了幾年，在美國有幸與方先生和方師母同在一個校園裏，才從方師母那兒得知，當時方先生閱讀我那份試卷時，欣喜之餘還邀師母一起閱讀。我聽了，內心裏不禁浮起一種安慰和感激。我第一次聽說老師批閱學生的考卷，竟邀師母一起閱讀。方先生對於學生的眞情和熱心，令我深爲感動。

那年方先生身體微恙。寒假過後，下學期剛剛開始之際，方先生不方便走來臺大校園。因此有一天邀我們到牯嶺街的住所去上課。那是「人生哲學」的下學期課程。出乎意料之外，方先生竟拿出學生名册點名。這是從來沒有發生過的。我們圍着他，恭恭敬敬地坐着，等待着，大家靜默無聲。點到我的名字時，方先生抬起頭，嚴肅而有神地瞪視我一眼。我望着他那對發亮的眼睛，心湖裏泛起一陣久未平息的波瀾。這一會心交眼就是我在臺大四年裏，和方先生唯一的一次親近！然而他的才情和品格，却老早在我這個默默無聞的學生的內心深處，建立一種哲學長者的風範與典型。

那次在方先生家上課，我還獲得另一個深刻的印象。那是有關他和方師母之間的。原來那回上課時，方先生主要是將不久之前他到夏威夷東西哲學家會議上宣讀的論文，重新在我們之前宣讀一遍。當方先生開始以堅定宏亮的聲音朗讀後不久，方師母靜靜地從門後走出來，悄悄地遞給他一張小紙條。方先生停頓一會，讀了字條，輕輕地問我們：是不是太快了？當時在座的同學，無不因爲師母的關切而心生感激。幾年之後，我才知道方先生和方師母不僅在學問上互相關懷，也在其他許多生活的情節裏，彼此會心感應。

大學畢業，服過兵役，我又回到臺大，進入哲學研究所讀書兼當助教。有一天在系裏遇見方先生。他停下來問我那時的研究專題內容以及日後的爲學計劃。這是我第一次在方先生之前談論學問，也是第一次知道他認識我和關心我。這次遭遇也間接成了兩年之後，我與方先生和方師母親近往來的前奏。

一九六四年方先生到密西根州立大學講學。那時我正在籌劃出國讀書。方先生知道了，應允當我的諮詢人，爲我寫推薦信。密州大學是我申請的學校之一，一定是得力於方先生的推薦，該校很快地頒送給我獎學金。方先生知道結果，寫信教我不要拒絕，以免失信而影響日後從臺大前去申請的同學。恰好約在同一時候，華盛頓大學也決定給我獎學金，我告以已經接受密州大學之情。不知怎的，該校哲學系的系主任竟然打了長途電話到臺北，告訴我依據幾間大學之間簽訂的同意書，四月一日之前接受的獎學金可以謝絕退回；並謂密州大學也是簽約學校之一。那系主任惟恐我在電話中聽不清楚，次日又寄出一封信，而且將那份同意書的內容影印附寄給我。我終於不得不再加委婉謝絕，且告以實情。我不願意辜負方先生對我的愛護和寄望，更不願意拂逆方先生給予我的訓示。

那年學期結束後，方先生返國，以便陪伴方師母一起赴美，再爲密州大學續教一年。有一次，方先生到臺大哲學系研究室來，談及我赴美事宜。談畢，我送他到門口道別。剛剛回頭坐定，却見方先生又急走快步回來。他口啣煙斗，一手提着皮包，眼光四掃，似乎在尋找些什麼。我問他遺忘何物，他只支吾兩聲，並未作答。我不知要幫他尋找什麼，但也跟着四處張望。正疑惑間，方先生忽然「喔」了一聲，一手支起戴着的眼鏡說：「啊，在這裏。」，跟着轉身調頭離去。我望着他的背影，在長廊上慢慢遠去，心想這不正是沉緬於思想而忘懷一切的哲學家的典型表現？

一九六五年秋天，我到密州大學讀書，開始和方先生方師母有一年親近的交往。也在這一年裏，我對方先生產生更深的認識和更進一層的敬愛。

這一年我雖然沒有去選讀方先生的課，但是從一些教授和學生的口中獲悉，方先生在異國的學界裏，所樹立的形像和國內者無異。記得那時的哲學系主任就曾對我說：「方教授是個非常有威嚴的人」。

也記得好多美國學生每逢上方先生的課時，就格外認眞而不敢苟且。方先生上課時也像在臺大時一樣，文字和哲理並茂，文學和哲學交輝。難怪許多美國學生都說他的用字古雅，有時甚至深奧難懂。就是連上課途中不稍事休息，也與在臺大時一模一樣。不僅如此，記得曾有一個雪天的夜晚，方先生去教討論課。那時密州大學哲學系這類課程，都安排在黃昏六時上到夜晚九時。可是那晚，方師母一直在家等着，却不見方先生歸來。愈等內心愈加着急，到處打聽也不得要領。直到十二點了，才有研究生電話方師母，說他們正要駕車送方先生回家。原來那晚方先生講得興致盎然，學生聽得興趣高漲，三個小時還未盡興，直講到午夜。

方先生辦事的認眞，是凡接近過他的人都知道的。他講課內容之豐富，批閱試卷和批改論文的仔細，人所共知。就連一些與學問似無直接關係的事，只要他認爲有意義，也都不遺餘力地去做。方先生和方師母告訴我，在臺灣光復未久，方先生主持臺大哲學系的時候，那時系裏沒有多少中文藏書。方先生覺得奇怪，後來獲悉原來有大量哲學圖書被誤編列到中文系的圖書館裏。方先生知道了這件事，立即會同助理找出日據時代當時的購書憑單，一本一本去查對。除了文學書籍仍然令其留置中文系而不加計較之外，其他所有哲學系選購的哲學圖書都一本一本地取回哲學系。後來哲學系圖書館有那麼完整豐富的中文藏書，完全是當年方先生辛苦挖掘的功勞。可是為了進行這一項繁瑣的查對工作，方先生只好利用所有課餘時間，連中午也不回家吃飯。由於方先生並沒有對方師母詳說突然要帶飯上學，早出晚歸的因由；方師母也沒有查問。據方師母說，她因此一時靈感發作，幻想油生，寫下了生平唯一的一篇英文短篇小說。方師母追述這段往事時，令我深深體會到當年方先生為了這樁公事所付出的辛勞。

在異國裏，方先生也一樣每逢沉迷於思想，就遺忘了其他瑣事。有一次有某教授請方先生吃飯。可是到時未見他到來。那教授四處打電話尋找都無踪跡。原來那天方先生正在校園散步，陶醉在密州大學那遼闊的校園美景裏，根本遺忘了餐約的事。

在這一年裏，我真正體認到方先生在臺灣時不常顯露的可敬和可愛之處。他不只是一位嚴厲的哲學家和關懷學生的老師；他更是一位注重生活情趣和充滿着人情味的長者。方先生喜歡藏書讀書，寫詩寫字，旅行攝影，散步觀賞風光，並且和宿舍附近的小孩交朋友。他也愛談天，愛在閒談間說些令人聽來莞爾欣喜的小故事。有時我甚至沒有預料方先生也注意這類情節。有一次在方先生宿舍跟他一起包書，準備回國。工作之餘，不知怎的談到臺灣的小偷。方先生於是說起臺北曾經有對夫婦外出跳舞宵夜，返家時興致很好，一起沐浴。沒想到家中早藏着一個小偷。後來這小偷被捉將官去。警察追問原委，小偷就開始一五一十地將那晚的情景全盤托出。沒說多久，那女主人趕緊搶着打岔道：好了，好了，不要再說下去了，不要再說下去了！

當時乍一聽來，我竟沒有領略到這小故事的精彩處。這一方面固然是因爲方先生說得含蓄，而我的腦筋又笨直；可是另一方面也因爲當時我完全沒有預料到方先生也有這類的小故事。

方先生和方師母的恩愛，也是我在臺灣時所不知的。他倆不只一起談笑，一起遊覽，一起欣賞藝術，方先生更愛在他拍攝的照片裏，留存方師母的倩影。有一次方先生上街，在商店的窗櫥裏看到一套別致而令他喜愛的衣裳，立即興致勃勃地買回家，要方師母試穿。後來方師母打趣地對我說，那套美麗的衣裳是給少女穿的。

在密州大學這短短的一年之中，有許許多多關於方先生的感人小事，每一件單獨說來，可能顯得細小瑣碎，可是把它們一件一件地連串在一個人的生活裏，就顯出那生命的可愛和可敬。我就是在這樣的情境下，更認識方先生，更瞭解方先生，也因而更敬愛方先生。

方先生曾經告訴我，他生平三大憾事。其中兩件是沒當成童子軍和沒有學會騎單車。爲了助他彌補後一遺憾，我幾次陪着方先生去學駕車——算是一種現代化的替代。我們在學校廣闊的停車場學，也到過可以駕車遊人稀少的郊外公園試駕。我們學到方先生已經能夠獨立慢慢駕駛了。只可惜後來因爲密西根的天氣和他事忙的關係，沒有繼續下去。

方先生是個追求完美的哲人，也就因爲他追求完美，因爲他要痛斥人非，顯得憤世嫉俗。方先生又是個熱愛生命的人，也就因爲他熱愛生命，他自己做人做事認眞，也不願意別人做人做事苟且。

一九七二年夏天，方先生又到夏威夷參加東西哲學家會議。會後順便前往美洲大陸。我知道他喜愛遊山看水，特地邀請他在我處小住，以便陪他去遊覽加州最幽美的一個國立公園。那次，他興趣很高，精神奕奕。可是在閒談裏，方先生對於臺大哲學系的晚近發展却感慨萬千，我深深體會到他對哲學系的熱愛，因此當眼見它的步步衰敗時，內心裏所含藏的那份失望和痛苦。我聽了他的話，也情不自禁地興起澎湃的共鳴。眞沒想到還不到十年，原來清靜幽雅的學園，竟會惹來這麼多的是非和紛爭。那次，我甚至聽說有人在方先生背後說讒言，而方先生的學生竟又將這些閒語傳說給他聽。記得那次方生先就感慨說道：「講哲學本來就要說得空靈。而今却有人批評我講課天馬行空。天馬行空居然成了罪狀！」

十年之前，我們當學生的從不會將聽來的閒話，在師長面前交傳，難道現在學園裏的景象眞的改變這麼多？方先生的學生包圍着他，說這些無謂的話，不是大大打擾他晚年的精神安寧，影響他的爲學和寫作嗎？敬愛方先生的人，怎會不知在這些小事細節上也更加審愼和自重呢？

方先生從事哲學教育五、六十年，桃李遍天下。深受他影響的學生到處都是。有些人甚至模仿他的聲調語氣說話，照着他的姿態手勢表情。然而重要的是，他的哲學理想與人生抱負，已經深深地種植在許多學生的心靈裏，有一天終將發芽成長，顯露光芒。做教師的，還有什麼比看到自己的生命已經在學生的生命裏滋長延綿更覺安慰和自豪的事呢？

然而，在海外驚聞方先生逝世的噩訊，却仍然禁不住內心裏那無限的感傷。舉目四望，當今在我們這輩學生之間，誰有老師的文采，誰有他的才華，誰有他的風骨，誰有他的抱負？誰能够繼承他的遺志，東西匯貫，在日漸式微的中國哲學理想裏，重新注入新的血液，發放一線耀眼的光芒？而今，這樣的哲學師長竟然像青烟似地離開我們而去。想起中國的哲學界，想起臺灣的學園，怎不令人熱淚盈眶，悲傷沉痛？

去年春天，我從耶魯大學返港途中，重訪密州大學校園。當年的景象依舊，仍然是綠草如茵，仍然是樹木蒼翠，仍然是野水潺潺，仍然是百花競艷，情不自禁地思念起方先生來。想起他，想起和他在一起的日子，想起他對我的愛護和恩惠，內心裏萬縷激情，纏綿震盪。我彷彿又看見在春日多姿多彩的花朵之間，在夏天紅杉河畔的水影和野鴨聲裏，在深秋的紅葉和多寒的白雪影子之中，一位既嚴肅又慈祥，既睿智又多情的哲學家迎面而來，又目送他的背影悠然遠去。他漸漸地走遠，走遠了。

方先生走了。然而他在我的生命裏，却永遠沒有離去，永遠不會消失。

一九七九年八月十六日

# 個人•家庭與現代化

## ——試論中國近代化中的家庭變遷

### 1 現代化的意義

「現代」一詞本來是個用來分期斷代的語詞，它的叙事內涵理應遠比評價意義豐富。可是由於我們常常或隱或顯持着某種「史觀」，又因史觀背後常有價值意識潛居其間，因此像「現代」這樣的歷史字眼也往往帶着價值的內涵。比如，有許多人懷有「進化的」——甚或「進步的」——歷史觀，認爲人類的歷史是朝着某一個方向進化或進步的；進化或進步是件值得讚賞的事，因此屬於「現代」的東西是些有意義，有價值，值得我們追求保愛的東西。

現在我們姑且不論這樣的想法有沒有根據，或者那樣的推理是否不當。我們所要注意的是：這樣的心態對於談論「現代化」問題所產生的微妙意義。

平時，我們若說某一個都市不够現代化，我們所注意到的是該都市所欠缺的事物，而不是該都市是否具有其他美好的特徵；同樣地，當我們說某一個人不是個「現代人」的時候，我們是在貶評一個人，而不只在公正論判他。也可以說，當我們論及現代化時，我們往往受情緒之影響多過做事實之判斷。往往所謂現代化只是順應潮流，跟着風尙，配合時勢而已。

由於這個緣故，在所謂現代化的風潮之下表現出來的時代精神與社會特徵，不一定是些創新的意念，有時甚至可能是一種復古的追求。比如西洋的文藝復興就是一個明顯的例子。這種情況很像衣着服裝之風尙，今日的時裝可能是十年前的老套，只是質地改了，花樣變了。所以，値得注意的是：現代化不一定是意指着對於新事物、新風氣、新精神和新價値的追求；卽使有着新事物的出現，新風氣的形成，新精神的建立和新價値的奠定，這些也不一定——而且經常不是——經由人們深思熟慮之後，有意促使其出現的結果。

從理性的眼光看來，歷史的走向往往顯得無可奈何，在巨大的歷史浪海裏，少數的智慧與理性的亮光，往往只是巨浪翻騰之間的點點飛影而已。

所以，當我們想起現代化，或是談論它的時候，我們不能假定現代化的發展本身已經自動含藏着人類所要追求以及所應追求的價値。相反地，我們應該有種價値自覺與反省的眼光，回看現代化帶給我們的意義。

在這篇文章裏，我們所要討論的不是現代化的一般問題，我們只把注意力集中在現代化問題中的一個小焦點上，討論家庭在我們現代社會裏的變化。我們所要做的是一種反省式的考察，我們不只在描寫記述而已。

## 2 現代社會的特徵

身在某一個社會或某一個時代的人，不容易清楚地洞察該一社會和該一時代的特徵，人們對於許多事情與事物由於身歷其境而覺得理所當然，或者由於習以爲常而不加反省。所以現在我們要檢查自己所處的時代和所在的社會之特徵時，這也不是件很容易的事。我們現在所要舉出來的，並非我們這個現代社會的全部特徵（它們也許無法盡舉），而是一些與我們要討論的課題——家庭與個人——最有相干的特徵。

第一，極爲明顯的，這是一個重科技的時代。我們常說（或聽家人說）這是一個科學的時代。事實上，這樣的說法最多只對了一半。科學不只是一些可資應用的技術與藝巧，它也應包括科學精神、科學心態、科學理論與科學方法。如果從這個角度看，我們這個時代雖然或可稱爲「科學時代」但却不是個「重科學的時代」。我們是在科學時代裏，因爲我們有許多人在從事科學研究，企圖建立科學知識；不僅如此，我們把科學知識或科學理論視爲人類知識的範型，甚或當做人類唯一之知識可能形式。可是我們從事科學絕大多數在於存心應用，而不是尋求領會瞭解，更不是爲了建立什麼科學精神和科學心態。科學知識的追求被看成是發展科學技藝的必要手段和方便之門。爲了發展科學技術，於是鼓勵科學研究。因爲這樣，科學發展的方向、領域和程度，往往以科技之成果爲依歸。尤其在今日，科學技術的發展大都決定於軍事上的需要和商業上的利益(兩者有時頗有關聯)，所以往往演成由軍事與商業需要來引導科學的發展。我們的確是在科學的時代，但我們的時代並不是個重科學的時代，我們所注重的只是科技而已。

科學技術的發展不斷在精進，日新月異，速度驚人。因爲它的發展着眼於實際的需要，愈是新近的產品自然愈進步，愈有用，愈方便，愈合乎需要；所以在科技界裏，「新的就是好的」幾乎是條牢不可破的眞理[1]。因此，在科技界裏，人們所注重的是誰握有新的技術、新的經驗和新的產品而不是誰有較長久的資歷、較深刻的認識、較淵博豐富的文化傳統等等。

第二，與科技之發展相關聯的，就是普遍的工業化和廣泛的商業化。今日我們生活中很少有那些項目不與工業製品和商業處理產生密切的關聯。我們的食、衣、住、行的工商化程度一眼可見自不待言，就是文化、教育、娛樂、休閒方面的事，也離不開工業化與商業化的節制，甚至指導。我們每天吃的是什麼食物，在大多數情況下不是看我們田裏種植的是什麼穀類，菜園裏長出來的是什麼蔬菜……；我們穿的到底是什麼樣的衣裳也已經不再決定於「慈母手中線」。其他方面，依此類推，容易設想。

在這樣的工業化和商業化的風尚之下，出現一個極大的特色，就是講求「效率」注重「功效」，尤其講求「急效」(短程功效)，注重當前利益。國家社會則實施幾年之短期計劃(如「

五年計劃」），鮮有人夢想百年之計；至於個人，我們捫心自問，有誰好好計劃過十年之後的事!?

第三，從上述兩點看來，我們可以意會到這是個多變的時代，這是個多變的社會。新穎的事物被當做就是有價值的事物，晚近的發明被認為就是值得讚許的發明。於是不問底蘊，不求明辨，一味崇新，一味排舊，當超短裙之風一經吹起，人人似以展露雙腿為美事；而今長裙捲土重來，人們的美感又即刻調整改變過來。

這是一個多變的時代與社會，人們養成一種善於應變的心態。在這樣的心態下，很容易興起一種「價值相對主義」——包括「道德相對主義」，認為一切的價值，一切的規範都沒有確切不移的基礎；所謂價值，所謂道德因時因地因人而不同，沒有人可以肯定自己所崇奉的是合理的道德，而別人所標榜的價值是不合理的。這一種心態在易於誤人的一些社會學家與人類學家的興風助浪之下，更加造成狂瀾，蔚為風氣❷。

尚新，迎變與相對主義在今日的時代裏結合在一起，造成今日價值淪喪，道德低落的主要原因之一。

第四，道德上的相對主義很容易過渡到道德上的虛無主義。既然沒有人的道德價值是不可否定的，那麼這就表示沒有不可否定的道德價值；這樣一來，豈不等於說道德價值不能成立，或者可以說並沒有所謂道德價值嗎？這雖然是個謬誤的推理，可是這樣的心態却普遍存在，不只存在於一般人的心目中，就是知識分子也不一定清楚分辨出這種想法的錯誤根源。今天我們社會裏的道德空白現象，並不是沒有原因的。

上述的心態剛好與這個時代的另一特色結合起來，造成道德迷亂與價值虛無的另一個重要原因。

由於我們崇尚科技，注重工商，而沒有注意那樣的發展最後是爲了追尋什麼樣的人生價值。尚科技、重工商好似成了本身就是值得追求的目的。在這樣的風尚之下，很容易養成一種工作態度，就是注重知識把握而不理會道德價值。知識的把握可以引起科技上的進步，工商方面的發展；相反地，道德上的講究與修養，並不導致科技的創新和工商的發達，因此久而久之，我們的社會逐漸養成尚知而不重德的風氣。

求新、迎變、價值相對主義、尚知不重德，於是我們社會之道德淪亡定矣！

第五，我們在上面說過，我們這個重科技，重工商的社會講究效率，注重功效。不僅如此，我們所講究的往往是外顯的，可見的功效。不管是工業的發展也好，商業的擴張也好，必須能夠訴諸數字，表達成統計曲線，這樣才能令人信服，才算有所根據。於是這個社會裏的個人也是如此，以爲可見的成就才算是眞成就，自己內在的肯定可能只是虛幻而已。所以，人們一窩蜂地追尋錢財的獲取，權力的增加，職位的高升，物質的豐富和官感的享受。這些是可以測見可以觀察到的；反之，智慧的追求，眞理的信仰，感情的孕育，宗教情操的發揚則不受重視，甚至受譏笑——

認爲那些只是傳統文化的殘渣，或是些哲學家幻夢的餘燼，沒有科學根據，沒有實證的基礎。

科學在這個關鍵上的確被用來做爲藉口，爲「外顯的表現等於一切」這種短見提供一個似是而非的辯證。這樣的理由總是似是而非，因爲它根據的不是科學的眞義，而是人們對科學的誤解。

由於科學的研究導致科技的驚人發展，因此人們往往震驚於科技的實用價值而對科學採取讚美的態度。可是我們往往只是對科技信服，而不是熱衷科學；尤有甚者，人們甚至乾脆把科技當做就是科學，將兩者誤加混淆等量齊觀。因此，談論科學只注重科技層面的實效價值，漸漸把科學精神等同爲實效精神，這是極爲狹窄充滿偏見的「科學主義」（事實上是「科技主義」）。在這種偏見之下，像行爲主義這類的主張難怪大行其道，人們不再相信內心的眞實，他們轉求於外在的表現❸。

難怪我們這個時代人們不講感情，不講情操，不重內在的豐富與優美；外顯的價值才是眞實，才是一切。怪的是我們這麼做，這麼信，還有「科學」的根據！

第六，我們這個時代這個社會還有另外一個顯而易見的特色，就是注重專家和對專家的依賴。

我們的社會結構與社會關係愈來愈複雜，人際間的關係與國際間的關係也是如此。在這愈變愈複雜的情境裏，我們需要個人集中精神，發揮能力於複雜情境中的某些要點或某一層面之上，大家分工專職，通力合作，共同解決社會問題，圖謀社會發展。在這樣的分工專職的局面之下，個人的注意範圍愈窄小，他所能獲取的專門深度往往愈增加。為了應付這一時代性的專職需要，我們的教育措施和價值取向往往也緊隨着亦步亦趨。在教育方面則注重專才教育而不注重通才教育，講究分科教育而不理會科際間的配合與關聯；在價值方面則重精而不重博，重深入而不重廣包④。於是每個人在社會上只是一顆鑲在巨大機器裏的小螺絲釘，不只在能力上如此，智力上如此，見解上如此，視野上如此，志趣上也是如此。

深入與專精本來並不是一件壞事，可是當它發展到今天的程度，已經快要完全失却它的正面意義了。我們不注重個人心智的平衡發展，只注意單方面的奇葩呈現，於是專才已不再只是專才，所謂專才正要淪為「偏才」。等到有一天，專才卽偏才，專家就成了「偏」見之士。那時我們的社會再也不是由一個個完整的人所組織起來的，那時我們所有的只是工業人、商業人、政治人、醫學人、機械人……。我們今日也許仍未到達這種地步，可是我們正朝着這個方向邁步前進。

## 3 家庭在傳統中國社會裡的角色

大家都知道中國人是講究家庭的。我們把家看成是極其重要的社會建構單位。尤其是在儒家的構想之中——而儒家的思想統治中國幾千年——「齊家」是「治國」的必要條件；因此社會要能完美發達，必須先從家庭的整治做起。事實上，在這一構想之下，重要的並不只在於完好的家庭足以爲健全的社會提供良好的建構的基石。修身，齊家而後治國的構想的主要意義在於宣示家庭在個人修己立人的事業上，所扮演的重要角色。底下我們所要說的，也是由這個角度出發的。

以往的中國主要是個農業社會。一個農業社會的特徵幾乎與前述現代社會的特徵恰好背道而馳。比方，在中國的舊社會裏，科技並不是普遍受重視的項目（不是沒有科技）。人們所注重的不是由有系統的知識導發出來的技術，而是經年累月的積存所獲取的經驗。社會裏的權威（或專家）不是一日一夜間可以成就者。一個權威必須有長久的經驗與閱歷做爲後盾，尤其是發明創新更不是件輕而易舉的事。農業社會根本上是一種靜態的社會而不是種動態的社會，尚新不僅不成爲人們之所好，相反地，它反而經常是人們所要極力避免者；因爲古舊中含藏着寶貴的經驗，而經驗是指導行爲最得力的依據；所以崇古尚舊成了以往中國社會的極大特色。長者受敬重，受推崇，因爲他代表人生的經驗，代表生命的智慧。

不僅如此，舊日的中國不是個專重知識的社會，與今日之「尙知不重德」大異其趣。它所注重的是道德的修養而不是知識的尋求[5]。在社會裏普遍受人敬仰的是「德高望重」的人，而不是知識豐富的人。加以中國人重情重義，尤貴不待宣言自能心照的微妙情趣，更增添我們對於內在價值的追求；中國人重視含藏而不講求表露，愛好內心的眞實甚於注意外表的展現，這是大家都熟悉的事。

在這樣的社會風尙和價值取向之下，家庭對於個人的成長提供了一種積極而重大的貢獻。第一，家庭是其成員學習處事爲人的好地方。兄長父老之輩的經驗經常足以供晚輩效仿，作爲他們行爲的指導。尤其是在農業社會裏，家庭往往是一個生產單位與（或）經濟計劃單位。這使家中成員之間具有密切的關係。這時爲了工作的成效和內部的穩定，自然形成一種權威系統。誰應該聽命於誰往往有習俗上的約定。這樣的權威與豐富的生活經驗結合，形成長輩者在家庭中的領導地位，也形成中國普遍敬老崇老的主要原因。長老者代表道德，代表智慧，代表生活的寶貴經驗。

這樣的家庭形式具有很重大的教育意義和社會價值。雖然在舊時的中國社會裏，也有學校教育之設（包括私塾與後來的學堂），但是教育從來不只是學校單方面的任務。在家中，長輩者自然成爲生活的導師和道德的模範，家庭負起了一個人的教育中很重要的責任。學校的教育支持家庭的權威（比如鼓勵孝道，發揚倫常），家庭的訓導不只鞏固教師的威信，並且進一步刺激學校教育的追求（比如引起對儒家學理的探討）。因此，在中國舊社會裏，學校教育與家庭教育常能配合起來，互相支持，彼此加强。這點從教育的觀點看，是值得保愛的一件事。

從社會的意義言之，中國舊有的家庭是鞏固社會制度保存社會型態，甚至發揚社會價值的基本核心。家庭的成員的言行表現與其家庭的聲譽名望直接結合在一起。因此成員的表現——尤其是道德表現——首先受到家庭的約束與制裁。這樣一來，社會的價值取向不是由一個廣大的社會集體或與論直接加訴個人的身上，在廣大的社會與散漫的個人之間，有一個結構清楚，組織自然，權威明顯的家庭，充當極爲嚴密，極爲有效的實施推行與督導視察的單位。舊日中國的家在保持社會的穩定上，發揮了不可抹滅的貢獻。

第二，由於家庭主要是建立在血緣與婚姻關係上，比起其他的社會組織具有遠爲恒久的性質。家庭不是只因爲信仰或利害關係而組成，因此也不因爲這些因素而折散。事實上，正相反地，家庭中的成員往往不計一切力圖保持家庭的完整與發達。個人對於家的寄託不只是功利上的方便，而且更是感情上的要求。人們需要有一些親近而且親密而且恒久可靠的人，交流感懷，互託情意。在這種情意關係中，能夠保持愈恒久的，往往愈有助於人的感情上的成長。家庭在這個關鍵上扮演了一個不可被輕易取代的角色。家庭中的成員間的感情基礎，或出於自然之親情（如父母子女關係），或出於道義（如父母指定的婚姻），或出於自己發出的愛情（如自己戀愛導致的結合）都傾向於恒久的，而不是意欲其爲短暫的。這樣一來，人們在感情上建立了一種穩定持久的基礎。在家庭裏，我們不只能夠互愛，而且可以互信，互賴，互助和坦然的瞭解。於是家庭的感情成了個人生命中最眞實最豐富的情意起點。這就是爲什麼失去家庭溫暖的人，被認爲缺少那麼多，被認爲是那麼可憐和值得同情的人。

感情是人生不可欠缺的價值與力量。感情的豐富不全看它的濃烈程度，而且更要決定於它的恒久性和可靠性（可信賴性）。從這個觀點看，發自家庭的感情不是從其他方面得來的感情所可以輕易取代的。

由於我們把家看成恆久的結合——恆久的形體結合與恆久的感情結合，因此家的成員不惜爲它而努力奮鬪。人也在這樣的家庭奮發史上，益增對於家的眷戀與愛心。「慈母手中線」給予人多少的感激與懷顧，那已遠遠超出只是「游子身上衣」的物質層面。

把上述兩方面結合起來，我們可以看得出在舊日社會裏，個人與家庭關係之密切性，以及家在個人成長過程中的重大意義。當然那時的社會結構、生產方式、價值取向使得上述的結合容易產生美滿的效果。

## 4 今日的家庭與個人的危機

可是現在時代改變了，社會的組織結構、生產方式和價值取向都產生基本上的變化（參見本文第二節），因此舊時家庭所成功扮演的角色，對於現代社會中的家庭而言，已經愈來愈顯得困難重重。我們甚至可以預料，如果現在這些趨向繼續發展下去，不久之後家的意義將完全改變，說不定只剩下生物層面與經濟層面而已。

現在讓我們在第二節所提到的時代特色之比照下，觀察今日家庭的功能與地位上的改變。舉例來說：

(1) 由於我們的時代重視科技，而科技上的知識又是日新月異進展不已，因此這方面的專家與權威不停地此起彼落新陳代謝。家庭中不再普遍出現像農業社會時代一樣地，依憑長時間的經驗而形成的技能與知識上的權威。今日，我們的家庭在絕大多數的情況之下，不足以充當生活技能的養成場所。我們必須離開家庭到外面去獲取生活的技能。

(2)工業化和商業化也產生類似的結果。它令我們社會裏的絕大多數人離開家庭在外謀生。不僅如此，工業化與商業化的結果，使得原來可以生產消費產品的，現在可能只出產半產品甚或原料而已。比如，原來農家可以有自給自足的穀品與菜蔬，而今可能每季只將作物悉數出售供人繼續加工製成消費產品之用；農家自己吃食的，並非生長在他們自己田野裡的作物，因此吃食起來，再也沒有「粒粒皆辛苦」的感懷。又如，一個母親本來有能力爲自己的子女縫製衣服，而今他只是受僱於製衣廠，每天雖然在大量縫衣，可是自己的子女的「身上衣」再也跟自己的「手中線」沒有直接的關聯。

(3)由於這是個重物質的時代，人們追求着感官上的享受。爲了更豐富的物質供應，爲了更多彩的感官享受，更多的人離家就業，無暇與其他家人多聚首。比起農業社會，今天一個家庭裏的成員相聚在一起的時間，簡直是小數點下的數字。我們往往在一天當中最疲乏，最厭倦，最不想見人，最不願意說話，最沒有心情，最該休息的時刻，才有機會與家人團聚在一起。家成了旅店，成了旅人的客棧。

(4)傳統上一個家的成員（尤其是成人）有着頗爲固定的角色扮演。當父親的應該做些什麼，當母親的有什麼責任。基於這樣的構想，才衍生出五倫、八德等倫理觀念。倫理價值不能憑空建立在生物的基礎上，當父母並不只是生物上的事實。可是今天那樣的角色已經漸漸模糊不清。父母與子女的關係常常只減低到提供金錢的關係。

(5) 今天家庭教育是整個教育最弱的一環。即使父母是教育工作者，也不一定有時間有機會在家教育自已的子女。分工也，專業化也。由於專業化與分工化，許許多多父母不再覺得有「資格」教育子女，甚或覺得不再有「義務」教導子女。教育是學校的事，道德是社會的事，父母做些什麼呢？

(6) 最重要而且最緊迫而嚴重的是，今日的家庭似乎不足以負起孕育感情的責任——包括道德感情和其他方面的感情。家只是一個空殼，只是一個軀體的聚會所，我們的感情與道德價值往往得自家以外的集體或個人。我們現在對於家的感情往往出於想像與寄望，而不是根深蒂固的經驗；或出於傳統思想與信仰之渲染，而不是個人親身的遭遇。父母不但不能給子女專業知識與專業經驗，更嚴重的是父母不是子女的人生啓蒙者，他們不是子女的精神導師，也不一定是他們的道德榜樣。今日的父母所扮演的主要角色是什麼呢？父母好像只成了兒女們的生活保障而已！（而這個功能是很容易被其他的機構或個人所取代的）。父母與子女之關係險些淪爲金錢關係！

## 5 結語

如果上個所說的不錯的話，我們可以看得出今天的家庭所面臨的危機。它不再能夠充分擔當傳統家庭所擔負的任務。個人方面，我們失却了一個恆久不變的精神起點與停落點，當社會的許多價值皆成空幻或顯得渺茫的時侯，家還能支撐個人的感情與價值。今天我們已經慢慢體驗到一種現象：對於許多人而言，對社會失望，就是對人生失望。這是值得我們注意的現象。

從社會方面來說，它慢慢失却傳統上爲社會堅守價值保衞價值的基層堡壘。家庭不再是一個規範的力量，因此我們只好愈來愈訴諸社會有形的制裁。

晚近有許多人注意到所謂「代溝」的問題。事實上，代溝只是上述現代化之下的自然結果。我們所要關切的還不只是一代與另一代之間的知識、信念、價值與感情的距離，更重要的是在這樣的現代化的趨勢之下，我們將慢慢成爲「無家」的人羣，我們將變成一團散落在大社會裏的羣衆。大的社會，遙遠的價值口號不足以建立我們恆久的精神價值和道德力量[6]。

一九七六年十月二十二日

後記：本文的主要目的在於指出現代社會裏家庭角色的式微，尤其是在培養個人的感情和道德力量上的無能無力。作者認爲這是一件極爲嚴重的事。可是當作者以比較的方式說出在中國舊社會裏家庭所提供的積極貢獻時，作者並無一味懷舊仇新之意，更不意涵舊社會裏的家庭是十全十美者。作者認爲我們不能在一味迎接的風尙之下，忽略檢討人類的走向。我們應該時時懷有「哲學的智慧」，不只處處表現「歷史的聰明」而已。

一九七七年七月十一日

①「新的就是好的」有兩個層面，一是事實層面，一是心理層面。有時卽使新發明的東西「事實上」不一定比舊有的東西好，但商業世界會將之宣傳與安排，使人在「心理上」認爲它的確好過舊的。

○社會學家所研究的常常是「價値社會學」或「道德社會學」而不是「價値學」與「道德學」；同樣的，人類學家研究的常常也只是「價値人類學」或「道德人類學」。價値學（或道德學）與價値社會學價値人類學（或道德社會學道德人類學）兩者截然不同，不可亂加混淆。

○行爲主義有兩種：形上的與語言上的。作者反對的是前者。關於後者可否成立，那是另一問題。

○也許有人要說：在這個時代裏，重博重廣包根本是件不可能的事，發展通才教育根本是種不切實際的夢想。這時我們得注意我們是否只是（而且只可能是）無可奈何地走在必然的歷史道路上？

⑤卽使是知識的尋求，最終的目的也爲了導致道德的高尙。

⑥在本文裏，我們只談論在現代化趨勢下，家庭角色與功能的變化。我們並未論及政治力量對家庭的組織與結構產生的影響，因而帶來的家庭功能與角色的改變。這方面的探討也値得認眞進行，因爲政治力量爲中國社會帶來一個極爲根本的改變，使個人與家庭，個人與社會間的關係重新大大調整，進一步導致個人價値建立依據與感情定歸上的大變動。

# 工作與娛樂的道德觀

很久以前已經有人說過：「工作的時候工作，娛樂的時候娛樂，這是良好的習慣，也是快樂的生活。」

如果我們稍加延伸，這段話提示我們，當我們工作的時候要盡心工作，當我們娛樂的時候就盡情娛樂；我們不要在工作的時候，心懷娛樂，甚至邊做娛樂；我們的工作才不致荒廢，我們的努力才會有成果。同樣地，我們也不要在娛樂的時候，心存工作，甚至半做工作；我們的娛樂才能盡興，我們才能在娛樂之間達到調劑精神和陶冶性靈的目的。

對於那些一方面不能專心從事工作，可是另一方面又無法放心享受娛樂的人，這的確是個很好的提示。它建議我們把工作和娛樂分開，不要將做事和遊戲混合在一起。

可是，在人生的過程中，當我們考量工作和娛樂的時候，把這兩者劃分界線，分別從事，使其各不相擾，這只是最基本的要求。我們不單希望在工作時盡心工作，在娛樂時盡情娛樂，我們還得注意爲什麼要工作？爲什麼要娛樂？工作和娛樂在人生裡的地位怎樣？兩者各自有什麼重要性？考量了這些問題之後，我們才知道應該怎樣從事工作，應該怎樣選擇娛樂；什麼時候工作？什麼時候娛樂？這樣一來，提議「工作的時候工作，娛樂的時候娛樂」才眞正有助於養成「良好的習慣」；那樣的提議，也才確實能够導致眞正「快樂的生活」。

工作和娛樂在人生的篇幅裏，到底佔着什麼樣的地位，這可以從深淺兩個層面來看（或從消極積極兩種眼光視之）。許多人常常覺得工作好像是一件不得已的苦事，它只是爲了謀生，爲了追求溫飽的手段而已。有時我們甚至暗自感嘆，空想如果不必工作那該多好。可是如果我們細心設想：難道我們眞的一心只想遊手好閒，無所事事嗎？我們眞的以爲吃飽了，穿暖了，睡足了，就只是爲了享樂嗎？我們眞的以爲只要不必工作，專心享樂，人生也就因此滿足，因此快樂，因此覺得一生過得有意義，覺得一生活得有價值嗎？

只要我們這麼認眞設想，就會發覺絕大多數的人埋怨工作，並不是因爲他們只圖享樂。他們感嘆，正因爲他們期望着更有意義和更有價值的工作。

工作的價值和意義，有時似乎明顯可見，但有時却隱含不露。有時需要定神追想，或者歷經時日的洗練，我們才會體認出來。比如，母親哺育嬰兒，培養新的生命；教師孜孜不倦，啓廸學子的德行和智能；醫生爲病人除害，拯救垂危之生命；警察在繁忙的路口指揮交通，疏導道路上的擁塞；像這類的工作，它的意義在那裏，從事這類工作到底有什麼價值，似乎比較容易看得出來。可是一個碼頭工人，從早到晚只做單調的勞動；辦公室的職員，有時盡做抄寫、影印、打字、歸檔等枯燥的事務；排字房的工人，整天檢字排版；製衣廠的女工，不停地縫衣剪線；還有大厦的看更，銀行的守衞，私人的司機，旅館的門房；更有那當人伺僕的，給人擦鞋的，替人洗窗的，爲人打蠟的，代人管帳的……像這類的工作，它的意義到底在那裏？從事這類工作到底有什麼價值？

要定神思想人生的工作問題，首先我們必須將「工作」和「職業」兩者加以區別。一個人所從事的工作，並不一定等於他的職業；雖然在一個人的職業裡，經常包含着各式各樣的工作。比如爲人父母並不是一種職業，可是它却含藏着許許多多種類不同的工作。再如一個成功的教師，他所從事的工作往往超乎他的職業義務範圍之外。我們平時聽到的埋怨，往往是因爲職業不如理想，往往是針對因職業所帶來的枯燥無味或待遇不公的工作，而做的不平不快之鳴。

人類技術的進步和社會福利的改進，應該用來將那些危險、討厭、乏味和單調的工作，加以排除，盡可能不再由人類去從事，改由種種機械來代理。同時，人類所擁有的一切職業，都應該有合理公正的待遇。可是，只是這樣並沒有解決我們對工作（而不是對職業）的態度問題。這樣並沒有解決工作在人生裡的意義問題，因此也就沒有解決我們對工作所應持有的「道德觀」的問題。

人類的道德可以由裡外深淺兩個層次來說。從粗淺的外表上看來，道德表現爲我們行爲的規範或行爲的準繩，基於這些規範或準繩，我們在人生裡就因而有所取，有所不取；在人事中，有所爲，有所不爲。可是道德却不僅是行爲的規範和準繩，它更進一步進入我們心靈深處，成爲我們生活的藝術和生命的價値憑藉。它是我們成全人性和發揚人性的根基。

這樣一來，「工作的道德觀」也有裡外深淺的雙層角度。從外表的標準來看，我們既然在從事某項工作，就必須符合一般對該項工作的要求，努力認眞從事，務使達到該項工作的目的。同樣地，我們既然致力於某一種專業，我們就應該專心從事，遵守該一專業的「職業道德」，使自己的表現符合該一專業的「品質標準」。比如爲人擦窗就得拭抹乾淨；充當新聞記者就得客觀公正。可是這只是外顯的行爲表現，外顯的行爲規範雖然重要，但它却並不自動標定我們工作的人生意義；它也並沒有自動指出「職業道德」與專業的「品質標準」所據以成立的價値基礎。

我們可以這麼發問：爲什麼我們做事要認眞而不苟且？爲什麼我們要忠於職守而不等閒視之？答案是：我們認眞而不苟且，盡職而不懈怠，這不只是代表我們對工作的態度，也不只表現我們處事的方式而已。它事實上更深一層地反映着我們整個的人格，代表我們是個什麼樣的人。工作起來認眞的，是個認眞的人；工作起來負責的，是個負責的人；工作起來懶散的，是個懶散的人；工作起來投機取巧的，是個投機取巧的人。我們怎樣工作，代表我們是個什麼樣的人。

從這個深一層的角度來看，我們的工作不僅僅是用來獲致人生其他目的的手段，因爲就在我們怎樣從事工作本身，已經表現出我們到底是怎樣的一個自我。所以「敬業」與「立德」是密切關聯在一起的。人生的工作不只用來滿足生存的需要，我們更進一步以認眞的工作來充實我們的人生，標定我們生命的意義和價值。

在我們工作的時候，最重要的是發揮人類特有的創造力，並且對於工作採取一種嚴肅、眞誠和熱情的態度。我們的工作態度，就是我們的人生態度。我們的職業並沒有先天地規定死板的工作內容和做法，我們必須運用自已的知識、經驗和智慧去創新我們的工作，去改進我們的工作。卽使有時候我們所走的道路，無非是以往的智者或聖者所指出的方向，他們的指引是不是正確合理，也要我們自已在生命裡親自去體驗，去加以證實。事實上，人類的進步和演化端賴我們創造性的工作，端賴我們在工作中所得到的體驗和實現。這樣我們的社會才不只是一片歷史的影子，我們的人生也才有它獨特的存在意義和活着的價值。

從這個角度觀之，雖然世界上不能每一個人都成名，但却可以每一個人都成功。這種每一個人都可望獲致的成就，正是建立在我們敬業立德之上，它是我們以嚴肅、眞誠和熱情的態度，面對工作，面對人生的結果。

不僅工作如此，人生裡的娛樂也是一樣。我們往往把娛樂看成只是消遣，當作只是遊戲，視爲只是用來滿足工作之餘的需要的雕蟲小技；因此覺得沒有什麼值得我們特別去考量思察的事。這樣的想法顯然只是在很粗淺的表面上看娛樂。我們還需要從更深入的角度，檢討娛樂的人生意義，從而設想「娛樂的道德觀」。

我們都知道，從小孩到大人，不論是古今或是中外，人類對遊戲的熱心決不亞於對工作的盡力；我們花費在娛樂上的心血，也決不次於我們應用在工作上的精力。我們這樣做並不是沒有理由的。人類需要休閒活動，需要在輕鬆無拘的氣氛下，恢復疲勞，涵養生息；需要在不計較現實世界的環境下，發揮想像，激勵聰明；需要在一般工作所不能提供的範疇裡，表現意願，追求理想。因此我們以輕鬆的心情和曠達的態度，或者玩賞事物，怡然自得；或者覽閱風光，心曠神怡；或者獨思暇想，自取其樂；或者閒談說笑，熱情有加；或者辯說爭論，妙語無數；或者閱讀朗誦，欣然陶醉；或者手舞足蹈，情意飛揚；或者低哼高歌，苦悶皆忘；或者觀劇聽曲，融化其中；或者對奕交藝，機智油生；或者比武爭壘，毅勇盡現；或者幻想神秘，幽發玄思……；這一切的一切，不只是人生裡的點綴品，更不是生命中多餘的枝節。因此我們要計較什麼樣的娛樂應該從事？什麼樣的娛樂應該力圖避免？我們應該怎樣從事娛樂？怎樣把握娛樂？有的娛樂帶我們走向人性的高尚層面，有的娛樂引起我們卑陋的反應；有的娛樂開啓我們的心智，有的娛樂阻塞我們的性靈發展；有些娛樂重自私，有些娛樂尚合作；有些娛樂是美德，有些娛樂是罪惡。所以我們也得像面對工作一樣地面對娛樂。面對工作就是面對人生，同樣的，面對娛樂也就是面對人生。我們所從事的娛樂，不僅反映我們的需要和本領，它也表現了我們的情趣和人格。

事實上，工作和娛樂除了在從事的心情上，有所區別而外，並沒有絕對的劃分。好讀書可以是一種娛樂，悠然自得，「不求甚解」；好讀書也可以是一種工作，窮理格致，力圖了然通達。然而，不論是工作，不論是娛樂，都反映着我們人生的品格和生命的素質。做工容或有假期，可是生命却沒有週末。娛樂並不是人生的假期，它像工作似的，是我們的生命所不可或缺的內容。

每一個人生都是一個生命的榜樣——只是到底是個好榜樣，是個壞榜樣，或是個無關緊要的榜樣。不管是在工作，不管是在娛樂，我們都要「像樣」地活，活得有旨趣，活得有理想，活得有意義。只要我們努力，只要我們懷着嚴肅、眞誠和熱情的人生態度，每一個人都可以活出一個優美動人可敬可愛的榜樣來。

一九七九年十一月二十五日

# 「自由」的意義

## 1

有些人認爲「自由」一詞具有許多意義，另外有些人以爲不是如此❶。這個「爭論」一半是事實問題，但另有一半却是語意問題。爲了明白這點，我們必須首先瞭解人們如何追問一個語詞的意義。

如果不是爲了哲學上的精密區分，通常發問一個語詞的意義爲何和發問該語詞所代表之事物爲何，兩者是可以互相通約，互相轉化的。比如，當我們被問以

(一)「人」(這一語詞)的意義爲何？

的時候，我們可以回答說：

(二)人就是理性的動物。

而不一定得回答說：

（三）「人」的意義就是「理性的動物」（之意義）。

可是，嚴格地說，（二）理該不是（一）的答案，（三）才是（一）的答案。（二）理該是底下（四）的答案。即：

（四）人爲何物？

不過，一般言之，我們並不需要如此嚴格，因爲我們相信（一）和（四）是互通的。追問「人」這一語詞的意義之爲何，可以轉化爲追問人這種動物之爲何；反之亦然。由於（一）與（四）的這種互通性，因此對於（一）的回答很容易轉變爲對於（四）的回答；同理，（四）的答案也可以輕而易舉地轉化爲（一）的答案。

同樣的，底下的（五）和（六）也是互通的：

（五）「自由」（一詞）的意義爲何？

（六）自由爲何物？

因此，對於（五）和（六）的回答，也可以很容易地互相轉換。

那麼，人們如何追問一個語詞的意義呢？基於上述的理由，我們先來察看人們如何追問一個語詞所代表的事物爲何，因爲我們說過兩者的答案是互通的。

當人家問我們「人爲何物？」時，我們固然可以如前述地回答說：

（二）人就是理性的動物。

可是我們也可以如此回答：

（七）人就是黃人、白人、黑人、紅人等等[2]。

以（二）這種方式回答，是指出人的（根）本（性）質（或稱界定性徵），而以（七）這種辦法作答，則是列舉人的種類或個例。這兩種對於（四）的答案，都可以分別轉化為對於（一）的答案。要對（一）加以回答，如果我們採用的是對應於（二）的方式，則我們說它指出了「人」這語詞的意含或內涵；反之，如果我們採取的是對應於（七）的方式，則我們說它提出了「人」這語詞的指涉或外範。通常我們把一個語詞的意含（內涵）和指涉（外範）稱作是該語詞的意義之兩層面。

所以，追問一個語詞的意義可以由兩方面入手。或是說出該語詞所代表的諸（種）個物，或是標定該語詞所代表之事物所共有而且特有（別的其他事物所沒有）的性質。追問「自由」一詞的意義時，情況也完全一樣。

當我們被問以自由為何物時，我們可以說：

（八）自由就是無拘無束。

但我們也可以說：

（九）自由就是思想的自由、言論的自由、遷徙的自由、……、喝酒的自由、看黃色電戲的自由、……、吸毒的自由、殺人的自由等等❸。

倘若我們把（八）和（九）加以改寫，分別將它們轉換為對於（五）而不是對於（六）的答案時，則所成的分別陳示了「自由」一詞的意含（內涵）和指涉（外範）。「自由」一詞的指涉和意含構成了「自由」一詞的意義。

現在我們可以分別回答底下的諸問題：

（十）「自由」一詞有許多指涉嗎？

答案顯然是肯定的。在（九）裏我們業已陳列了許多種不同的自由。

（十一）「自由」一詞有許多意含嗎？

答案似乎是否定的。上面的（八）裏所列的好似囊括了一般所瞭解的自由的本質。

（十二）「自由」一詞有許多意義嗎？

如果這一問題的意思是：

（十三）「自由」一詞有許多意含和許多指涉嗎？

則答案似乎是否定的，因為（十一）的答案似乎是否定的緣故。當然，如果（十二）的意思是：

（十四）「自由」一詞有許多意含或者有許多指涉嗎？

那麼其答案顯然是肯定的，因為（十）的答案乃是肯定的緣故。

不過，我們得留意一下，許多時候我們是把「意義」當作「意含」（或稱「含義」、「內含」、「義涵」等）使用的。於是當我們道說自由的意義時，我們想說的是自由的意含。在這樣的理解之下，則「自由」似乎並沒有許多意義，因爲自由並沒有許多本質。它的本質似乎就是慣常所瞭解的無拘無束。

總之，自由有許多種類，但它似乎沒有許多本質；同樣的，「自由」一詞具有許多指涉，但它似乎沒有許多意含。

## 2

同答了上述的問題之後，現在我們要來對「自由」一詞的慣常意含——或是對一般所瞭解的自由的本質——加以簡略的檢討和解析。也就是說，我們要發問：上述的（八）是否適當地道出了自由的本質？

首先我們要注意，「自由」一詞可以運用到人之上，運用到其他動物之上，也可以運用到植物甚或無生物之上。當應用到人之上的時候，它指的可以是心靈的活動，也可以是身體的運動[4]；而當運用到其他事物之上時，它指的常常是彼等的運動或成長。這些是「自由」一詞的基始用場。從這些用途當中，我們可以觀察到「自由」一詞的意義（指涉和意含），也可以追問出自由的種類和本質。

可是，「自由」一詞還有另一類頗爲不同的用場。那就是將它們運用到人爲（人造）的一些社會建構或文化建構之上。包括應用來談論或形容語文表詞、文體、社會制度、政治主義等等。比方，我們可以說「自由變數」、「自由詩」、「自由經濟」、「自由主義」等等。這一類的自由，通常是建基於前述的第一類的自由之上，因此可以以它來加以闡釋或解說❺。「自由」一詞的這類用法，對於第一類的基始用途而言，可以稱爲該詞的衍生用法。

有一點值得在此一提：在第一種（基始的）用法和第二種（衍生的）用法裏，「自由」一詞可以當做名詞，也可以當做形容詞（即「自由的」）使用❻。可是只有在第一種用途裏，「自由」一詞才能當做副詞（即「自由地」）使用。這表示在第一類的場合裏，自由是直接與活動、行爲、動作、運動等等相關的。這是自由最基本和最原初的型態，也是本文所要討論的自由類別。所以，我們所要解析的是「自由」一詞的基始用法，而不是它的衍生用法。

當然，在我們談論自由的時候，我們所最關切的是人的自由。可是對別的種種事物的自由加以觀察，常常有助於我們對於人的自由之瞭解。所以，我們將不拘泥於只談論人的自由。與其發問自由爲何物，常常不如先考察自由地活動是怎麼一回事；同樣地，與其追問什麼叫做無拘無束，常常不如先設想在什麼條件之下，才可望做到無拘無束地活動。因此我們要從「自由」一詞的副詞用法的解析開始。

首先讓我們觀察底下這些例子：

（十五）氫氣球擺脫了線的牽絆，自由地飛了。

（十六）不要把東西放置吊鐘底下，讓鐘擺可以自由地擺動。

（十七）兩條金魚在玻璃缸裏自由（自在）地游着。

當一條線繫住氣球的時候，它只能在該線的長度範圍內飛揚，無法踰越該線的限制；因此對於它往上飛昇的「天性」（自然性）而言，它不能够自由地飛揚。可是我們若把該線剪斷，那麼該氫氣球也就擺脫了線的纏絆，順性而自由地往上飛昇了。因此，在這樣的場合裏，「自由地」就是「順性地」，自由地飛就是順性地飛。當然這裏所謂順性是指順着天性或自然性而言，也就是依據自然律而具有或產生的活動傾向之意[4]。

或許有人會說，氫氣球擺脫了線之後並不是自由地飛，它是受了裏頭的氫氣的驅使而被迫上升的。是被迫的，怎可以叫做自由。可是，這樣的反對是沒有道理的，因爲氣球中沒有氫就不叫做氫氣球。含氫是氫氣球的本質的一部份。因此往上飛昇才成了它的天性（之一）。順着此一天性而往上昇，就是自由地往上昇。

或許另外有人會說，爲什麼我們要以脫了線的氫氣球爲準，因而視往上飛揚爲它的天性；不以繫在固定實物上的氫氣球爲準，而以依線停浮半空爲它的天然性？對於這個問題的答覆也很簡單：以線繫在固定物上並不是氫氣球的本質的一部份，它是繫在固定物上的氫氣球的本質的一部份。對於繫在固定物上的氫氣球而言，依線停浮半空當然是它的天性。它若順此天性而停浮，則它是自由地停浮。

鐘擺的例子也是一樣。鐘擺是設計來行使某種功能的。這些功能構成了鐘擺的本質。比方，它是用來附掛在鐘的某一零件上，當鐘的發條開緊的時候，足以維持它的左右擺動。所以，在整個鐘的機件的脈絡裏，(在某一幅度之內的)左右擺動成了鐘擺的天性(自然性)。如果沒有其他外物擱置在它的運動軌道上，那麼它就能順性地左右擺動。這樣的順性擺動，就是鐘擺的自由運動。

所以，順乎天性就是自由[8]。順乎某物的某一天性，該物也就有了該項自由。例如：順乎某氫氣球往上飛昇的天性，則該氣球就有往上飛昇的自由；同樣地，順乎某鐘擺左右擺動的天性，則該鐘擺就有左右擺動的自由。要注意的是，我們說，順乎天性就是自由。但是我們並沒有說自由一定是種實際的活動。雖然某物的實際的活動本身常常可以用來檢證該物是否具有該項自由。比如，某一鐘擺此時正處於靜止狀態，這未必表示該鐘擺沒有左右擺動的自由。如果沒有外物攔住它的運動道路，只要略加外力，它就能在鐘的發條的張力之下，自由地左右擺動。(當然我們經常以鐘擺的實際擺動檢驗它之具有左右擺動的自由)。所以，自由常常意指一種活動傾向、潛能或是可能性；而不完全意指實際的活動本身。

這表示自由並不是指不受任何外力的影響。有些外力正是某物具有某一自由的必要條件或先決條件。

同時，我們也要注意，自由並不是籠統地漫無限制之意。比如，鐘擺只在某一幅度內左右擺動，這才是它的自由擺動。如果我們強加外力，令它超過自然局限地擺動，則該一擺動反而不是鐘擺的自由運動。因此，自由並不一定意指超越自然律的限制⑨。往往自由只是在自然規律之內的順性而發之可能性而已。這就是我們前述的順乎天性之意。這一點是非常重要的。因爲常常有人以爲宇宙間的一切事物都受自然律的支配，因此一切事物皆無自由可言。若一定要談自由，則只有認識了這種自然律的（物理）必然性——即我們說的自然性，才算是獲得了自由。這是一種混淆⑩。

自由也並不一定得完全無拘無束。拿魚缸裏的兩條金魚爲例。第一，兩魚只能在魚缸的範圍泳游，因此牠們是受限制受束縛的。第二，由於有兩條魚在一起，爲了避免彼此碰頭，牠們是無法爲所欲爲的。可是爲什麼我們依舊可以說牠們在魚缸裏自由地泳游呢？原來對於「游躍於水」這一目的而言，牠們並沒有受到外物的干擾。至於牠們游泳的範圍和軌道，在此並不重要。當然，如果魚缸加大，則牠們有更多活動的餘地；類似的，如果缸內只有一條魚，那牠就有更多的游法。這提示我們有關自由的兩件事：

(一)自由往往是可以有等級區分的。我們常常可以有頗自由、很自由、十分自由、極爲自由等等；或者頗不自由、很不自由、十分不自由、極不自由等等。而不是只有自由與不自由之二分而已。也就是說「自由」一詞常常是個相對的語詞，而不是一個絕對的語詞。不過我們可以發問：世上是否有絕對的自由（自由到頂點）或絕對的不自由（不自由到極致）呢？這個問題含有許多複雜的牽連，因此我們暫時不在此文中討論。

（二）自由之判定要在某一目的的光照之下爲之。比如，對於游躍於水這一目的而言，上述的兩魚是有自由的。可是對於游躍於淵這個目的而言，彼等就沒有自由。這一點在討論人的自由時，特別值得重視⑪。

人是具有欲望的動物。欲望可以分爲兩類：一是自然的欲望。比如飢餓時之欲求覓食果腹，危急時之企圖躲閃廻避等。這類的欲望在人的生長過程之中，是自然地養成的，它是（或導源於）人類的自然性的一部份⑫。另一類的欲望或可稱之爲社會的欲望。它是在一個社會體系之中產生或養成的。例如，追求財富的欲望，實現政治理想的欲望等等。可是這兩類欲望常常不是可以清清楚楚地截然劃分的。尤有甚者，第二類的欲望往往直接或間接地建基於第一類的欲望之上；兩者常常有很密切的關聯。不過，爲了討論的方便，我們姑且以這樣的二分爲準。

這兩類的欲望有時是會互相衝突的。比如，陶淵明之不爲五斗米折腰，文天祥的捨生取義就是此一衝突的明顯而具體的表現。

當人們追求着自然欲望的滿足時，如果沒有外物或外力對他加以阻擋，則他能够順利地企圖達成他的目的。他也就具有達成該目的的自由。比方說，一個人在飢餓中產生覓食的欲望，看見鄰近可餐的水果，這時如果沒有外物對他加以阻撓，那麼他就可以設法去採摘。這裏，自由仍然沒有意指全無限制；也不是要等到某一行爲實際完成了，他才算有該種自由。例如，該人飢餓時看到的美菓可能長在太高的樹上，或是長在深水大河的對岸，令他摘取不到。可是，只要沒有外力阻擋着他的嘗試，那麼對於採菓充飢這一目的而言，他仍然是有自由的。這類的自由和以前我們說過的順乎天性的自由，可以歸爲一類。所謂免於飢餓的自由就是這類自由的例子。

社會的欲望是具有心靈活動的動物所特有的。人類是具有心靈活動的動物；因此社會欲望在人類中特別發達。這樣的欲望經常不是直接依據人的天性而來的，它往往是某種社會價值或社會理想之下，陶冶培育出來的。很顯然，這樣的欲望是後天養成的；因此不是直接由人類的天性得來的。所以與滿足這類欲望（或其目的）相干的自由，也就不是我們前述的順乎天性的那種自由了。

比如，一般所謂的言論自由，那並不是一種自然的需求。那是在一個政治體系和社會制度裏才產生的欲望。這類的欲望常常夾帶着對於理想的體認和對於價值的讚擁，它往往是在取捨抉擇裏產生出來的。因此它不可避免地是心靈活動的成果。對於尋求滿足這一類的欲望（或其目的）的人不加以阻礙，則我們可以說該人就具有該項的自由。這是一種隨心所欲的自由。正如我們上面所說：順乎天性就是自由；現在我們也可以說：順乎心意就是自由[13]。

在這裏有件事值得一提：上述的兩類自由，即順乎天性的自由與順乎心意（意志）的自由，是可以沒有混淆地加以區別的。可是，常常由於我們對於諸自由的名稱沒有嚴格和精確的定義，某一自由到底是順乎天性的自由，抑或順乎心意的自由，往往難以決定。比如，以言論自由爲例。這應該是屬於第二類的自由（卽順乎心意的自由）；因爲言論自由不只意味着開口講話的自由而已，它更意指那些爲了某一主張或理想而議論而倡言的自由。不然的話，剛剛牙牙學語的幼童，愛說甚麼就說甚麼，隨便亂說，最有言論自由了！

一般被壓制的言論自由並不是開口說話的自由，而是發言議論的自由。同樣的，一般被當着人權保障的自由，也是順乎心意的那類自由，而不只是順乎天性的那類自由。

沒有區分這兩者，常常帶來一些其他的混淆。比如，有些人要把言論自由當做人權來提倡，就立論說，那是一種天賦的人權；也就是說，那是人人與生俱來的。這似乎是混淆了開口說話的自由與一般所謂的言論自由。混淆了順性而發的自由與隨意而發的自由。基於這一混淆，人們就很容易把應該擁有的自由說成是本來就有（與生俱來）的自由。甚至試圖以本來就有來支持應該要有[14]。

「自由」的確含有無拘無束之意。可是我們必須更精確地瞭解所謂無拘無束是什麼意思。依據上文的解析，那並不是意指漫無限制或絕無限度的意思。我們上面所提出的順乎天性與順乎心意（意志），就是試圖對「無拘無束」給予一個較爲精確的註解。

順性而發的自由與隨意而發的自由，有時是彼此衝突的。同樣的，就是同類的自由裏，不同名目的自由之間也會是互不相容的。不過，我們要注意，這裏所說的諸自由之間的衝突或不容，實在是個縮略的說法。它所指的是某些自由所分別導發出來的活動（或實際效果）之間的衝突或不容。自由本身只是個可能性。許許多多的可能性都可以在一起交陳並列。可是實現這些可能性的活動之間就可能互相衝突，彼此排斥。因此，就是在同樣值得稱許，值得讚擁的自由之間，我們也常常需要區別分辨，選取抉擇⑮。

當然，有些自由是值得讚擁的，另外有些自由則是應該加以排斥的；有些自由是值得當做人權加以保障的，另外有些自由則是應該加以節制或加以廢除的。所以，籠統而不加細分地道說自由卽是人權，這是種過分簡單而容易引起混淆的說法。同樣的，只含混地宣揚所努力奮鬪的目的在於爭取自由，也是個危險的口號。我們必須追問：什麼自由應該當做人權加以保障？我們所努力奮鬪的目的在於爭取什麼樣的自由？

（後記：本文之作是因讀❶中所引黃氏文字有感而發的。一九七三年一月九日）

❶ 前一觀點參見張佛泉所著「自由與人權」一書。後一觀點可參見底下一文：黃展驥：西方「自由」的意義糾紛，「學苑」，一九七二年十一月一日號。

❷ 如果我們對（七）不滿意，認為它是個循環界說，則可將之改寫為：（七）人就是黃皮膚的理性動物、白皮膚的理性動物，黑皮膚的理性動物、紅皮膚的理性動物等等。不過像（七）這樣的界說是否循環，往往因不同的自然語言而異。

❸ 參考❷。

❹ 當然此兩者常常是息息相關的。但是兩者終究的關係如何，則是哲學上很複雜的心物關係論裏的主要問題。

❺ 至於這兩類自由的實際關係如何，我們暫時不加討論。

❻ 我們可以進一步藉研究形容詞、副詞與名詞之間的關係，去加深對於兩類自由的關係之瞭解。

❼ 有些人認爲自然律是種必然的定律，因此要把這樣的自然性稱爲必然性。作者以爲在此「自然性」一詞遠較「必然性」一詞適當而不易引起誤解。不過，如果我們一定要呼之爲「必然性」，則宜稱之爲「物理（的）必然性」以別於邏輯的必然性。我們知道物理的必然性是會因爲不同的科學理論或科學假定而改變的。

❽ 但是我們並沒有說：自由就是順乎天性。參見底下的討論。

❾ 我們只說：自由並「不一定」意指超越自然律的限制；但我們並沒有說：自由「一定不」意指超越自然律的限制。參閱❽及底下的討論。

❿ 這是一種頗爲複雜的混淆，其中牽涉到哲學上的決定論與非決定論之爭。我們無法在此討論。

⓫ 一般言之，目的這一概念只適用於有心靈的生物。至於它是否也可用於其他生物，甚至無生物之上，這在哲學裏是有爭論的。有些人相信造物主創造這宇宙是有個目的的，每一個居於宇宙間的個物也都各自有存在的目的。

⓬ 這裏所謂的自然欲望，並沒有意味完全不經學習，天生得來之意。

⓭ 同樣的，我們也沒有說：自由就是順乎心意。參見❽。

⓮ 這是一種思想上的謬誤，作者曾經將它稱爲「訴諸自然的謬誤」。參見「異鄉偶書」（上），三民書局出版。

⓯ 同樣的，這也只是一個縮略的說法。

# 哲學智慧的尋求

——寫給剛剛跨入哲學之門的同學

每年秋日，天高氣爽，是我們迎新的時節。我們剛剛揮手送別了相聚四年的畢業同學，期望他們發揮過去四年的日子裏，所探索的思想成果和所孕育的人生智慧，努力開始做一番有益人羣的事，把自己在學校裏所懷有的生命理想，帶到社會上，在那兒生根發芽，推行實現。緊接着我們又要張懷歡迎諸位新來的同學，希望爲各位提供一個良好的學習環境，使各位在未來這重要的四年大學生活裏，增進知識，鍛鍊思想，培養健全的品德，追求美好的價值理想，對於自己和其他人的未來，產生一份深厚的信心和無比的熱情。

在這樣重大的人生關鍵上，我們不禁要發問：我們到底要在哲學裏探索些什麼？尋求些什麼？解答了這類的問題，或者至少對這類問題的答案略加思索，更能幫助我們確定此後應該努力的方向。

對於許多人而言，哲學不是一種專業，它是一種人生。比如我們畢業的同學，固然有些人正在繼續深造，希望在哲學的內部探究出更深刻的問題，尋求到更圓滿的答案。可是還有更多的畢業同學，走進社會上的許多角落。有的當了教師，有的擔任種種不同的政府公職。也有的在從商，當海員，當貨品推銷員。他們在不同的崗位上，貢獻他們的能力，把自已的理想和熱情投注到工作上。那麼，哲學給了他們什麼呢？讀了哲學對他們而言有什麼差別呢？

人生蘊藏着極大的可能性。我們可以將人的生命壓低到只求溫飽而活，或者兼求五官六欲的享受而活；可是我們也可以將生命的境界提高，追求價值、理想和意義。當我們考慮到這種對生命的寄許的時候，許多人生的深層問題，就立刻一一呈現出來。比如，這個世界有多少人只是無知無覺地活着，我們爲什麼要與他們不同？這個地球少了我們也還會照樣地運轉不息，我們爲什麼要活下去？我到底是什麼？我在這個社會，這個世界，甚至整個宇宙裏的地位如何？即使我立志認眞對待我的生命，而不草草人生，我又怎知道要怎樣過，才算是有意義和有價值呢？當我似乎尋找到答案了，我又要怎樣驗證它是否合理正確呢？像這樣的問題，一開始追問，馬上就有更多的問題連帶產生。哲學把這樣的問題加以系統化，並且在不斷的理論辯證當中，試圖提出合理的答案來。

四年的哲學尋索慢慢地爲我們理清哲學問題的絲絮，讓我們理解許多問題之間的關聯，從而培養一份判別選擇的智慧，建立自已的人生觀與世界觀。於是，自已不僅僅活着，也不僅僅知道自己活着，更知道自己爲什麼要活着，爲什麼要這樣子活而不那樣子活。這是哲學智慧的開始，也是我們努力尋求的起點。

探討價值與意義不僅產生人生目的的自覺，而且也令我們對生命發出更深的熱情。當我們知道人要怎麼活全憑自己選擇的時候，我們也就更加珍視這份抉擇的可能性和能力了。

每一個人都是獨立的生命，而不是別人生命的影子。不管我們立志將來從事思想，從事政治，從事教育，從事寫作或者從事其他行業，希望哲學的思索與鍛鍊，使我們更有思想，思想得更加深刻；對世界，對人類更富有一份至情的關懷。我常這樣想：每一個人的生命都是一個人生的榜樣——不管是好榜樣，壞榜樣，或是無關緊要的榜樣。願哲學智慧的追求令我們把握了人生的意義和生命的價值，在這可貴的一生當中，終久活出一個優美崇高的人生榜樣來。

一九七八年八月三十一日

# 現實•理想與為學求知的年輕人

——寫給在學的青年同學

我們都知道年輕人是富有熱情的，我們也都知道知識份子是講究理想的；因此年輕的知識份子理該是些既富有熱情而又講究理想的人。

可是，另一方面我們也都知道，年輕人——尤其是年輕的知識份子，常常感受到一種巨大的壓力。他們不滿於既成的事實，看不慣已有的現象，可是却發覺現實往往是些推挪不動的巨石，是些排除不盡的障礙。他們想要依據心願，追求理想，可是似乎總是乏人支持，得不到別人的響應。久而久之，理想的追求只是增添內心的苦悶，而年輕的熱情反而令這種理想的苦悶，變得更爲深沉，變得更加難耐。

當然，年輕的人仍然是富有熱情的；當然，年輕的知識份子依舊是富有熱情的知識份子；問題只是這時他們是否依然把熱情用來支撐他們的理想，用來追尋他們的理想，用來開展他們的理想。

或許我們要發問；我們為什麼要講究理想？我們為什麼不完全依附現實？依附現實常常可以為我們帶來許多眼前的好處，我們為什麼不好好享有這些現實的快樂，而要堅守固執，背負那重重的理想之苦悶呢？難道理想眞的是不可少的嗎？它眞的是必要的嗎？難道我們不可以一擧將這些有關理想的計慮，完全推開，做個無憂無慮，了無牽掛的人嗎？

理想是不是不可或缺？要回答這個問題，首先讓我們試問：世界上有什麼東西對我們而言是不可或缺的？

擧個例子來說：食物對我們而言，似乎是不可或缺的，因此吃飯進餐顯然是件必要的事。可是讓我們進一步設想一下，食物果眞不可或缺，吃飯的確是件無可奈何的事嗎？我們不可以不吃飯嗎？當然可以——如果我們不求生，但求死的話！可是，我們又為什麼要求生避死呢？難道只是因為我們也像其他動物一樣，有着與生俱來的求生天性這麼簡單嗎？設想一下：假如有一天，人家提議豢養我們，好似豢養其他的動物一樣，保證我們生存，給予我們溫飽，甚至每天餵我們一顆「快樂丸」，令我們整日保持心情愉快！難道這樣一來，我們就滿足嗎？這樣一來，我們就認為人生有意義嗎？

人生的滿足可以有許多不同的層面：我們可以追求生理上的滿足，我們可以追求心理上的滿足，我們可以追求社會上的滿足；我們也可以追求性靈方面的滿足。同樣地，談論理想也可以在不同的層次上着眼：我們可以追求更徹底的生理滿足，追求更持久的心理滿足，追求更巨大的社會滿足，可是我們也可以追求更高尚的性靈滿足。

當然，並非追求生理的滿足就是禽獸，也並非追求心理和社會的滿足，就只是動物而已。但是，如果我們不去設想人在性靈方面的可能成就，對於人性之理想無所顧慮，無所存心和無所寄望；一心只求生理的滿足，一心只求心理的滿足，一心只求社會的滿足；那麼我們爲什麼要反對別人像對待動物樣地豢養我們？我們只是一羣高等的螞蟻，一窩高級的蜜蜂而已。

所以，我們在人世間談論理想，最後要能關注人在性靈方面的可能成就；在人生裏號召價值，最終要能關懷性靈上的發揚。同樣地，當我們發問自已的人生意義時，我們終久要追問人爲何物，我們要怎樣才能令自已的人性成全，而不只是活成一頭高等的禽獸而已。

當我們這麼說的時候，我們不是在空談；當我們這樣設想的時候，我們也不只是胡思妄想。歷史上多少偉大美好的人生，爲我們留下閃亮的光；他們的生命爲我們展示了發揚性靈，成全人性的可能。我們要從他們所創造出來的生命裏，得到啓示，得到鼓舞，得到勇氣和得到力量，努力追求我們人性上的理想，使我們的生命也發出性靈上的光芒。

在這個世界上，有些人背負着人類的十字架，另外有些人憑空沾了人性的光。如果我們知識份子不背負起這個十字架，誰來爲我們背負？如果我們的生命不能發亮，誰來爲這個世界點燃一點性靈上的光芒？

我們是富有熱情的，我們是嚮往理想的。讓我們立志燃放我們的熱情，去追尋理想，去保愛理想，去促使理想的實現。讓我們在熱情的交輝中會心誓語：只要我們自己發亮，就不愁這世界沒有光。

一九七七年三月十七日

# 哲學的關懷

## ——寫給讀哲學的同學，也寫給教哲學的自己

「爲什麼要讀哲學？」「爲什麼要從事哲學活動？」像這樣的問題好像已經成了老生長談，不值得我們重提再問似的。然而對於我們這些正在讀哲學和正在教哲學的人而言，那樣的問題却是一些既切身又重大的問題。假定我們從事哲學不是由於走投無路，無可奈何；假定我們不是因爲讀不成別的學科，才讀哲學；不是因爲幹不了其他的事業，才教哲學；那麼，我們實在應該誠實自問：我爲什麼要讀哲學？我是不是應該繼續讀哲學（比如：我是否應該轉系）？我爲什麼要教哲學？我是否應該繼續教哲學（比如：我是否應該改行）？

哲學正好像其他絕大多數的學科一樣，有它自己學科內部的題材——有它自己內部的問題、概念、理論、甚至方法。因此研究哲學也像研究其他學科一樣，可以只是鑽營這些內部概念的釐清，理論的發展和問題的解答。一個數學家可以只對自己的數理專題深下功夫，而對生命價值問

題置之不理；當一個物理學家走出了實驗室，他可以對人生意義全無顧慮；甚至一個社會學家也可以在調查事實，寫完論文之後，對人性的墮落了無牽掛。類似地，一個哲學學者也可以僅僅在概念和語言的層面上，闡發思想，開展理論，建立論證，「解決問題」。哲學在這個意義之下，可以只是個嚴格的專技學科。從事這種專技哲學的人，當然需要大腦發達，神志淸楚；甚至聰明伶俐，反應靈敏。可是他不一定需要具有一份對生命的顧慮，對「存在」的關懷，以及對價值的牽掛。

在這個意義下，選讀哲學和選讀其他學科之間，只是題材的不同；同樣地，教哲學跟教其他科目之間，也只是內容上的分別而已。

可是，自古以來有許多偉大的哲學家——以別於哲學專技家——却有一種連綿不斷的哲學關懷。他們要追問人爲何物，探索生命的價值；他們關心事物的眞象，保愛人生的理想；他們熱愛眞理，追尋性靈上的美好。基於這種存心、這等關懷和這份牽掛，他們致力發展思想，開拓理論，提出主張，公佈論證。這樣的哲學是種生命的學問，這樣的哲學是一種人生。

舉例來說，倫理概念有何意義？倫理論證有何相干？倫理理論有何用處？如果我們不是認眞考慮過，在不能圓滿並兼，兩全其美的情境下，我們到底要當一個痛苦的「人」，還是一頭快樂的「禽獸」？

不只倫理學的問題如此，知識論、形上學等等的問題也是如此。

哲學雖然是一種人生，但它却不是一種職業。因此選擇哲學的確選擇了一種人生，但却沒有因而決定了任何一種職業。讀了哲學不一定成爲哲學專技家，讀了哲學也不一定成爲哲學教員；讀了哲學更不一定成爲政治家、革命家、思想家或理論家。可是讀過了哲學——有了那份哲學的存心、牽掛和關懷之後——當知哲學的顧慮和計較，好好努力活成一個「人」，並且進而鼓勵別人好好活成一個「人」；努力去成全自己的人性，並且努力去成全別人的人性。

因此，我常常這樣作想：讀過哲學的人當和那些沒有哲學關懷的人絕然不同，大異其趣；否則我們怎能算是讀過哲學？試想：如果許多人只是在追求生理的滿足，我們也就跟着一心生理的貪婪，我們怎算讀過哲學？如果許多人專心致力於社會欲望的爭奪，我們也就跟着全心權勢的尋求，我們怎算讀過哲學？讀了哲學只知鑽營「歷史的聰明」，這怎能算是具有一份生命的顧慮？讀哲學不能發揚性靈的美好，這怎能算是有種價值的牽掛？讀了哲學不知展現智慧的光芒，這怎能算是有份存在的關懷？

然而哲學的關懷却不能直接交遞，因此生命的哲學是不能教的。只有當我們有了優美的情懷，豐富的感受，深刻的思想，絕妙的意境之後，我們的哲學關懷才能自然流露，它感染了別人的生命，引起他人的共鳴和交響。

一九七七年三月二十七日

# 哲學的開始

## ——寫給哲學系的畢業同學

各位轉眼就要畢業了。畢業是一個結束，可是它不也是另一個更重要的開始嗎？

哲學的尋求不是從課堂上開始的，哲學的情意也多不是在教室裏培養出來的。往往當我們跨出了校門，我們的哲學生命才眞正開始。

讀哲學的人是熱愛智慧的人，讀哲學的人是熱愛眞理的人，讀哲學的人是熱愛生命的人。

可是，古來有兩種「哲學人士」：哲學家和巧言善辯之徒。如果我們不是眞正爲了愛智慧，如果我們不是眞正爲了愛眞理，如果我們不是眞正爲了愛生命，我們何必抬出這樣高貴的口號？我們大可掛出一些更切合實際，更名正言順的招牌。

話別不一定充滿傷感。看那些散佈夜空的衆星閃爍——只要我們都因熱愛智慧而對眼交輝，只要我們都因熱愛眞理而會心微笑，只要我們都因熱愛生命而振翼飛翔。

一九七六年三月二十三日

# 哲學與讀哲學

「哲學導論」這個課一向被認爲是初學哲學的階梯。這並不是沒有道理的。可是如果我們認爲在這樣的導論裏，所要做的只是知悉哲學各部門的梗概，拾取哲學問題的大略，那我們就錯了。至少我自己不把「哲學導論」完全看成只是爲引導初學的人，窺看哲學內部的粗貌而已。修習「哲學導論」的目的是爲了接受哲學的衝擊和洗禮，藉以潛移默化滋潤人生。因此一個學習哲學的同學不只要張眼瞀看，更要開懷呼吸；不只要側耳聆聽，更要盡情感受。

## 生命的學問

一個人的生命必須在哲學的參與之間產生了基本的變化，他才算是讀過了哲學。自己以爲讀過哲學，可是與未讀哲學之前比較，依然故我，那麼他仍然徘徊在哲學的門外。因爲這個緣故，我們不要只抱着觀望的態度，看看到底哲學的舞臺所上演的是什麼戲劇。甚至也不能只是懷着欣賞的心情，嘗嘗哲學的果實到底含有那種芳香。哲學是種生命的學問，你必須將自己的整個性靈投注進去，你的哲學情趣才開始發酵萌芽。沒有勇氣投注的人，當然沾不上哲學的氣息。所以你若對這一課沒有一份至性至情至眞至誠的體會，這些話語和你們的生命產生不了絲毫的關聯。你們聽完了，走出教室，那些話語也就失去了意義。就是你們把這些話語牢牢記取，在考試或其他的場合依樣畫葫蘆，全盤道出，也並不表示你有了哲學的領會與瞭解。那些語言若不是在你生命裏「給證」過，在你的人生裏「實現」過，它們對你永遠產生不了親切感，它們的意義永遠在你所能捕捉的範圍之外。哲學不是一些美妙的詞語，讓人掛在嘴邊道說的；哲學也不是綺麗的衣裳，讓人披起來炫耀自己；哲學更不是鮮艷的色彩，讓人塗繪起來迷惑別人。哲學是我們對於生命的發問、期待、感受、肯定和投注。哲學是一種人生。

## 靈性的領受

所以我要奉勸各位，要麼放棄讀哲學的念頭，否則就認眞地把自己的性靈供托出來，放在熊熊的哲學火焰上烤鍊。這時我們生命裏的殘渣會在眞理的火焰裏燒爲灰燼，剩下來的純眞，在長久不斷的琢磨之下，可望雕出一顆玉石般的自我，發放出生命的光芒。所以我要接着奉勸各位，在修習哲學的時候，不必忙着動手記錄。最重要的是思考，是感受；把你們的生命投注進來，將我在這兒說的話用你們的心智和性靈加以理解和消溶。哲學不只應該用心智去理解和考察，也得用性靈去醞釀和領受。

提起心智和性靈，容易令人想起常人對於理智與感情的瞭解與區分。有個嚴重的誤會必須提出來一談的，就是有關理智與感情在我們人生裏頭所扮演的角色。我們常常聽人家說，要服膺理性，不可盲從感情。這樣的忠告如應用得當，原是有益人生的。可是許多人却往往因而產生一種誤解，以為光彩的人生一定是純粹理智的結晶，感情的注入也就沾污了理性的明亮。其實，正相反地，精彩的人生是理性與感情的融合。當這兩者平衡而自然地交流融化之後，我們才可望達到智慧的境界。「人是理性的動物」這話已經流行了幾千年，可是不可抹煞地，我們應該提醒自己，人也是(而且更是)感情的動物。我們的理性必須在感情的熱烈支撐下，發揮它的慧眼；同樣地，我們的感情也必須在理性的指導之下，發出奪目的光輝。我們的生命不是封藏千年的冰原，我們的生命也不是轟然爆發的烈焰。理性與感情在我們的生命裏雖然可以加以區別的，但却不可加以分離。熱情必須要有疏導，理智必須要有撐托，兩者必須結合在一起自然流露，人生才顯出富足美好的光彩。

## 身心的參與

哲學是生命的學問，必須以全部的生命去從事。讀哲學像是在戀愛一樣，要把全部的心思和性靈奉獻出來。如果不是這樣從事的話，那麼你不是在戀愛；如果不是這樣從事的話，那麼你不在讀哲學。

讀哲學不只是閱讀哲學家的著作，不只是聆聽哲學家的話語，不只是欣賞哲學家的境界。讀哲學是親自參與哲學活動，從事哲學思索，進行哲學分析，獲取哲學智慧。從而陶冶哲學情趣。簡單而明確地說，讀哲學的目的在於陶冶哲學情趣。

可是我們知道，情趣不像是衣裳一樣，可以由外面附加的。一個少女不管有沒有美麗的內涵，都可以輕易披起一襲優美的外衣。可是當我們沒有生命的智慧的時候，優美的情趣是無從表露的。哲學情趣既不能強奪，又不能模仿；不能假借，不能抄襲。要有一份美好的哲學情趣，唯有將自己的生命沒有保留地投注在哲學的美酒裏醞釀，交付給哲學的火焰烤鍊。當我們的生命充實了，當我們的性靈優美了，當我們的境界高超了，我們的哲學情趣也就自然地溢滿流露出來。乾枯的心湖，當然聽不到優美的水響。

所以我們不能害怕生命在從事哲學時產生驚人的變化。相反地，我們必須全心全意迎接這種根本的變化。事實上，我們爲求這種生命的變化才決心參與哲學的。我們的目的是要讓生命在哲學的考驗之中脫胎換骨。我們的目的在於充實生命裏的哲學情趣。

## 反省的機緣

然而語言是一種極爲惑人，極不可把捉的東西。語言不能够直接陳示我們的思想與心情，語言只能間接地報告我們的意含。因此當我在這裏報告我的經驗，陳說我的感受，宣揚我的見解的時候，我不能保證你們每一個人聽了都有同樣的瞭解——更不要說有同樣的感受。可是這是次要的。要緊的是每一個人要站在自己的基礎上，以自己的背景爲起點，把我們在這裏所揭發討論的，做爲檢討生命的憑藉。讀哲學常常不是直接給我們一團有用的材料，而是提供我們一個反省的機緣。因此衆人卽使沒有共同的瞭解，大家也都可以在生命裏產生影響深遠的變化。有一個線索可以用來檢查對方的言語到底是否打進了我們的心扉，振盪了我們的心弦——就是試問他的語言在我們聽來到底是否親切，是否代表我們的心聲。當我們對別人的語言產生了一份親切感，當我們彷彿覺得對方代替了我們道說了我們的心語，那時我們的生命才沐浴在他的語言裏，不知不覺地產生微妙的變化。

可是別人的言語怎會在我們的內心產生親切感，別人的聲浪怎會在我們的心湖裏泛起動人的波痕呢？我們敏銳的感受力是因爲我們豐富的人生體驗而加强的。當然我們不可能經歷到所有的人生內容，參閱過一切的世事滄桑。然而，不可以直接經驗的，也可以應用我們細膩的心思和情意，加以同情的領略與瞭解。就以人生當中的生老病死爲例。我們生時毫不自覺，無從體驗；又未老去，不知它的滋味；加以也許我們未嘗久臥病床，不知病魔纏身爲何物；而死亡呢？距離我們又那麼遙遠。可是這樣我們就對生老病死全無所知，全無所感，全不可說嗎？我們可以設身處地，我們可以移情代感，我們可以間接體驗。於是哲學的思索在我們的生命裏又有了親切的回響。

## 智慧的冲擊

從事哲學的思索並不全是一件寫意稱快的事。當我們尋索我們的性靈深處，挖掘我們的心智才思，敲擊我們舊時的自我，甚至努力掙扎着脫胎換骨的時候，我們往往經歷一種艱苦甚至痛苦的過程。當我們把靈魂的外衣完全揭開，暴露在眞理的面前時，我們的羞怯有如平時我們一絲不掛將胴體揭露在世人的眼前一樣。可是爲了琢磨出玉石般的自我，我們必般忍受智慧的刻刀；爲了洗練出純淨的靈魂，我們不能在眞理的泉邊含羞帶却。在哲學的磨練過程中，我們必須面對眞理的明鏡，勇敢地正視自己。看清自己的無知，洞悉自己的愚昧。這樣我們的生命才有轉機，我們的靈魂才能在哲學裏得救。我們不能避重就輕，迴避自我的掙扎與痛苦。靈魂的深度常常與感覺上的舒適成反比。(世界上最稱心快意的事莫過於隨心所欲。可是我們不能一味沉溺於自我的任性裏，不然的話，我們永遠無法在哲學裏得救)。

## 活像的選擇

那麼我們爲什麼要讀哲學呢？我們爲什麼不能任性地活着，貪取隨心所欲的快感，追尋卽使是短暫飄忽的快樂呢？我們可以的——如果我們願意將自己貶低，不把自己看成萬物之靈的話。

人可以提升自己來活，也可以壓低自己去活；人可以活得像天使像神靈，也可以活得像禽獸像爬蟲。我們不是一生下來自然地就成爲堂堂正正性靈發光的自我。我們是在不斷的琢磨之下光耀自己的。不同的人，由於對他自己生命的期望之不同，由於對他自己的要求之疏嚴的不同，由於努力的方向與程度的不同，大家對自己生命所成就的也因而不同。我們每一個人都應該捫心自問：我們活得幾分像人，幾分像禽獸？我相信只有極少數的人有資格發問，他活得幾分像天使，甚至幾分像神靈。這宇宙之間若有萬能全知的神的話，在祂的心中，我們一定有些人頭上閃着光環，有些人背後生了翅膀，有些人長着獸角，有些人露出獠牙。我有時候這麼想：如果今晚自然律突然改變了，只有堂堂正正的人保有人形，野性獸心者還之以獸身。那麼明天一早醒來，固然仍有滿街的人影，可是也有不少禽獸披着堂皇的外衣（衣冠禽獸），多少動物從華厦之內步走出來。我們並不是非得活像一個人不可，這要看我們是否看得起自己而定。我們願不願意淪爲一頭禽獸，我們願不願意在上帝的眼中只是一條爬蟲。我們要怎樣品評自己，我們要怎樣自處。這是生活智慧上的問題，也是人生情趣上的事。

這樣的智慧與情趣支撐着我們的人生理想，引導我們的人生方向。我們不是生來就是一個光彩完好的人，但是我們要選擇活得像一個人，選擇成爲一個人。我們的母親生育了我們，但却留待我們自己去成全——成全自己好好做爲一個人，不只是徒具人形的動物而已。

## 超昇的階梯

當然有時候我們自己似乎顯得虛弱，顯得無力，不知把握自己，不知創造自己；不能將自己磨亮，不能令自己新生。這時我們就要依靠旁人的智慧做為我們的明燈，拿着前人的榜樣當做借鏡。哲學在這個關鍵上提供我們向上超升的階梯。哲學利用它熊熊的火焰烤鍊我們，將我們的生命一塊塊重新拼排，重新結構，重新組合，重生滋長，重新派生。我們要在哲學的洗練之中脫胎換骨。

前面說過，我們不是生下來就是一個性靈發光的自我。的確，當我們生下來的時候，我們是粗具人形的。可是在其他的許多方面，我們與別的動物無甚分別；最多也只不過是在程度上有差異而已，絲毫沒有什麼值得炫耀值得自誇的地方。我們之所以終能傲視羣生，靈超萬物，那是靠我們努力的結果。

## 恒忍的追求

也許有人要發問：我們爲什麼要辛辛苦苦去洗練自己呢？拜佛的想到極樂世界，信上帝的想要進天堂，而我們在哲學裏鍛鍊的人又有什麼好處呢？對於這個問題，答案是很簡單的。我們並不是因恐懼才洗練，我們也不是因貪婪而哲學。我們只求活得像一個人，我們只求成爲一個人。

我們只爲了這一點自己珍視自己的心懷，我們只爲了這一點尋求一個發光自我的胸襟，我們只爲了這一點拓展哲學情趣的意願。

那麼要怎樣活才算是活得像一個人呢？人性的超升（性靈的提升）是個無止境的歷程——「天路歷程」——哲學的努力是條不斷登高的路。我們的人性在登高的過程中增長，我們的獸性因而跟着消沉。在衆人之間，由於洗鍊的勤怠，由於秉性的昏敏，由於覺悟的快慢，由於意志之强弱，由於機緣之順逆，大家的生命成就也跟着不同，彼此交閃着不同亮度的人性光輝。可是我們必須不停地向上，永遠指望着理想。

當我們的人性發揮得淋漓盡致的時候，神性就在我們的生命裏閃露光芒。神與人不是完全隔絕的，神性是人性的極致。兩者在哲學的路上互通氣息。天人合一的境界與神人交往的理想，應該從這個觀點在瞭解去觀看。也從這個觀點去設想，我們不再只能無助地談論上帝造人的故事。我們可以很深刻地領會到人類發掘上帝——甚至人類創造上帝——的心情。

一九七四年九月

# 哲學・讀哲學與教哲學

在衆多的科目當中，哲學大約是最受人誤解的學科。一般人提起哲學，固然莫測高深，不明所以；就是有學有識的知識份子，對它也多充滿疑惑與不解。上上者對它恭維備至，敬而遠之，認爲它只是有閒無業的雅士之玩意。倘若學有所成，脫殼而出，最多也只不過「成一家言」，在紛紜衆說之間，錦上添花而已。可是萬一琢磨未成，苦學失敗，則瑩瑩百害，決無一是：或者流於談玄論虛，不知所云；或者淪爲悲觀厭世，妄想解脫；甚至慘到變瘋發狂，遺害社會。何況理論與實際本來就常常不是合而爲一，哲學家向來就是在象牙塔裡做夢的人物。他們的狂言囈語，充其量也只不過是書生獃子的空言豪語而已。

而下下者對哲學則更充滿着懷疑、漠視和敵意。在他們的心目中，哲學家是些自高自大，獨尊孤傲，但却遊手好閒，無所事事的人。他們做不出麵包，蓋不起樓房，發不成火箭，建不了大橋。他們將自己和常人分開，把哲理與現實隔離；滿嘴深奧語詞，高頭口號。他們不屑旁顧，一味孤高。他們看不起這個世界，看不起政治，甚至看不起人生。他們所追求的是虛無的幻境，他們所嚮往的是形上的天堂。於是他們不事生產，不務勞動。消極，頹廢，閉縮，荒唐。他們把塵世當做假象，自己成了不得已才寄生在人間的行雲過客而已。

誠然，哲學的意義不是一語足以道破，一眼能夠看清；誠然，哲學的價值往往不能彰明昭著地表現在日常生活裡的每一片刻；誠然，哲學有時無助於解決許多現實的問題；誠然，有些人讀了哲學之後，變得消極，變得無望，甚至變得怪異，變得瘋狂。然而，我們必須發問：這是哲學原來的意義和價值嗎？這是學哲學和教哲學的理想和目的嗎？

在長遠的傳統裡，哲學一直與追索人生的智慧密切相關。人生智慧的追尋在於瞭解自我，肯定生命，認識宇宙，探究人在宇宙之間所佔的地位，從而發問：生命的意義何在？人生的價值在那裡？

為了解決這樣的問題，哲學家鍥而不捨地探討許許多多更加基本的問題。比如：人到底是什麼？是不是肉體的死亡就是生命的終止？靈魂也是假象嗎？或者心靈才是唯一的眞實？宇宙萬物是不是由一些簡單的終極基本質料所構成？人是不是宇宙中無助的微粒小點，或者是萬物的主宰？萬物是自生自存的嗎？或是由造物主所創造的？當我們在試圖瞭解自己和認識宇宙的時候，我們所能知道的到底有多少？我們可以完全信賴感官嗎？或者我們還得訴諸理性與直覺？我們所能獲取的知識，是不是有一定的限度與範圍？超存於這個界限以外的事物，我們是否只能用信仰去加以肯定？這樣的肯定是否合理？我們爲什麼不可以盲從妄斷，而要信持眞理？我們爲什麼不可以隨心所欲，而要擇善固執？我們爲什麼不可以爲所欲爲，而要追求人生的美好？

類似這樣的問題——以及其他更多更多有關宇宙、人生、社會、政治、文化等等的基本問題——就是歷來哲學家所發問的問題，也是他們希望設法解答的問題。

可是由於這些問題的性質太過基本，我們往往無法用隻字片語，直截了當地道出它們的答案。從事哲學的人，成年累月的思考，世世代代的討論，常常也只能爲我們指出問題的性質，釐清問題的意義，說明各個問題所具有的根本假定，以及標定問題與問題之間的彼此關聯。最後他們或許才進一步試圖提出他們對問題的見解或答案，建立他們的哲學系統，宇宙認知和人生體驗。這是一種深切的反省批判的努力，也是一個漫長的構作建立的過程。由於這樣，有許多人對於哲學的性質，產生根本的誤解，對於從事哲學工作的人，懷着疑惑交加的心情。

比如，有些人會以爲，既然許許多多的哲學家，窮盡他們畢生的心智與才華，仍然無法徹底解決哲學上的根本問題，不能對它們給予確切不移的答案，這豈非表示幾千年來哲學全無進步；讀哲學與教哲學不是只成爲玩賞古董，翻新典故的玩意？這樣的哲學研究豈非等於在一池死水之中，撥弄無謂的漪漣；在一片荒漠的沙原上，讚美浮光幻影，歌頌海市蜃樓嗎？這樣的哲學探討，還有什麼人生的意義和生命的價值可言呢？

可是，我們要注意，「在哲學上，所謂進步不一定意指問題的全盤解決。因爲我們所面臨的往往是些永世不滅的根本難題。每一世紀每一年代的人們，都必須竭盡他們的智慧，克盡他們的才華，依據他們的處境，根據他們的角度，去發問，去探索，去理解，去追求。這樣，哲學上的問題在他們的生命裡才顯現出鮮明的意義，對於解答的尋求和探索才在他們的人生裡染上親切的色彩。所以，永遠得不出終極的答案，這並不意指着哲學的死亡。正相反的，這常常表示哲學的永生。因爲我們必須不斷地追問，無止境地向前去探索。同樣是沒有解答那些根本問題，可是一個認眞鑽研過哲學的人和一個永遠徘徊在哲學門外的人相比，其差幾何！同樣是「見山是山，見水是水」，未參禪前與禪悟之後，其境界之高下，其氣象之盛衰，怎可交互比擬，相提並論❶。

第二種對於哲學的誤解，與上述的誤會密切相關，而且一樣根深蒂固。許多人因爲看見哲學裡學派林立，思想萬千，彼此爭論不休，莫衷一是，因此認爲哲學是沒有眞理和定論可言；歷來充斥書架的哲學著作，實在只是一些似是而非眞假莫辨的閒言空話而已。持着這類想法的人，通常喜歡拿哲學與科學相比，指出在科學裡，人們可以依循一定的程序，得出公認的答案。因此，在科學裡，何爲眞理，何爲假說，總是淸晰明確，易於判斷❷。然而哲學可就大大不同。哲學沒有公認的方法，沒有一定的證明程序，更找不到一成不變，完全爲大家所接受的眞理。

的確，在哲學裡經常有敵對兩說，分庭抗裡，相持不下；任何一方都無法簡單而又決定性地指證對方的論點是假爲非，因爲一個哲學論點的成立與否，往往牽連到整個系統其他部份是否業經確定成立，或者已經爲人所假定所接納。因此，那並不表示，這時兩者的論點就一定是出於隨意武斷，眞假不辨；也並不表示這時雙方的爭論，因而就只不過是公婆奪理，無是無非。更重要的是，這樣的哲學爭論常常令我們覺察問題的性質和根本；自覺到問題所在的脈絡——其來龍去脈，其所以產生的基本假定和其與其他問題之關係等等；甚至體會到人類理性和悟性的能力與限制，使我們免於坐井觀天，免於無理獨斷。這是從事哲學研究有成的人，常常表現出來的特色。

本來在科學裡也有許多基本難題。比如，生命是什麼？宇宙的起源到底怎樣？自然律終究是種決定性的定律，或者是一種統計性的定律？自從現代物理學——尤其是量子論的廣被接受之後，我們是不是需要一種比傳統的二値邏輯更加精緻的邏輯？類似這樣的問題若認眞討論起來，就要與哲學接頭交會。可是一般的科學家，卻對此類問題沒有興趣，不加理會，不去設法尋求解答❸。所以，普通研究科學的人，往往也並沒有察覺這類問題的存在。於是原來不是志在探索宇宙人生最後眞理的科學家，常常不自覺地以爲自己把握了顚撲不破的絕對眞理；眞正志在尋求終極眞理的哲學之士，反而知道自己是個背負成見的人。也因爲類似的理由，常常「今天的科學成了明日的迷信」❹，而有些遠古哲者的智慧，卻能代代相傳，千秋輝映。

由此，我們也可以進一步指正許多人對哲學的第三種誤解。他們以爲，由於在哲學裏衆說紛紜，百家並存，因此讀了哲學就不免淪於優柔寡斷，徬徨無主。既不知最後眞理爲何物，當不諳如何做人生的取捨與抉擇。這樣的想法未免天眞粗淺，荒於細察。哲學家之所以堪稱爲智慧之士，就在於能够在人生基本重要之處，明智抉擇，據理論斷，指出美好人生的方向，不必等到一切皆可以做成公式，不必等到眼前只呈現一條唯一可走的道路。他們知道當機立斷，他們知道擇善固執。當他們武斷的時候，他們武斷而非無因；當他們執着的當兒，他們執着但知其故。也許他們所選擇的道路有錯誤，也許他們所指出的方向不可行。可是，當他們失敗了，他們知道那是由於什麼樣的假定使然；當他們徒勞了，他們知道那是因爲哪些信念之故；不只是盲目地跌落歷史的懸崖深淵，只讓後人遙遠地聽見一聲莫名的慘叫而已。

在人生的旅途上，我們多麼需要哲學的智慧，不僅僅靠歷史的聰明而已。

另外還有一個對哲學的誤解或混淆值得在此一提。有不少人——包括那些讀了哲學，而陷在迷惑裏，無法脫身的人——認爲哲學已經漸漸淪爲象牙塔裏的雕蟲小技，認爲哲學人士過份熱中學院式的探討，沉溺於繁瑣性的爭論。他們也許頭腦精明，但察秋毫而不見輿薪；他們也許技術高强，但知樹木而不識森林。因此，他們思考的成果，縱然嚴密精確，完美無疵；可是却缺少生命的意義，喪失了人本的價值。

這樣的批評雖然不是完全無的放矢，但却往往沒有充分注意到哲學裏有兩類雖然彼此關聯，但却不是互相等同的活動。簡單地說，從事第一種哲學活動的人，目的在於遠矚高瞻，綜合開創；指出宇宙人生的眞理，編造龐大廣含的系統，規劃生命的意義。這是我們心目中的「哲學家」的意義。傳統的哲學家在這方面的貢獻，往往容易受後人所記憶。可是哲學裏還有另外一種活動。從事這類活動的人，動用他那時代所特有的方法論的原理和解析上的技巧，對於哲學上的個別問題，做出精密嚴格的分析，思辯，批判與解答。這樣的人可以名之爲「哲學專技家」或「專技哲學家」。一個專技哲學家的貢獻，有時不顯於後世，甚至常常不受往後的人們所注意，這是因爲哲學專技常常受一個時代的方法與技術所規限。哲學理論的構作，也像藝術作品的創造一樣，往往具有一種時代的風格。

上述這兩類哲學工作的關係密切，自不待言。我們要指出的是：要當一個成功的哲學家，首先必須成爲具備某一頗高段數的哲學專技家。這個道理自古已然，而今爲甚❺。

許多人因爲只見到哲學專技上的細微精密的表現，於是妄言哲學乃象牙塔裏的雕蟲。

事實上，哲學最離不開人生。哲學家理該是最熱愛人生的人。正因爲這樣，他們不滿意於盲目的生活，不滿意於沒有意義的生存。「未經檢照的人生是不值得活的」❻。在他們的心目中，人類不應該只是生物性地存在着，也不應該只是習慣性地生活下去：飢則以食品果腹，凍則以衣物護身，不思不想，不覺不察。春來就與花鳥並生，等到秋日蕭瑟，又與草木飛蟲同朽。數十年匆匆飛逝，人生如夢，了無踪跡。

對於人類而言，生命理該具有更莊嚴的意義。

從這樣較爲高度的生命要求看來，並不是會呼吸就算活着，並不是會飲食就算活着，並不是會動作就算活着，也並不是會男女就算活着。活着，如果不知深思熟慮，抉擇選取，人生還有什麼意義？活着，如果沒有一份生命的熱愛，不能發散心靈的光輝，人生還有什麼價值？從這個角度去觀看，多少人生了，可是還沒有活過，就已死亡。他們即使勞碌一生，也未曾參與人類在這個世界上，因基於愛心，基於熱情而發散出來的光芒❼。

當然，並不是每一個讀哲學的人，都立志成爲哲學家。但是讀了哲學，至少必須是個有思想，有原則，有情趣，有理想的人。這樣他才能够獨立思考，才能在取捨抉擇之間，擇善固執，愛護同類，爲自己爲他人標定人生的意義，指出人類應該努力的方向。同樣的，並不是每一個讀哲學的人，都將成爲人類的精神堡壘，可是他必須對生命懷有無比的熱情。這樣他才可望欣賞人生的美好，領略生命的價值，參與發放人性的光輝。

這樣看來，知識份子而不參與哲學的思索，那是種莫大的損失。也正因爲這樣，哲學教育成了通才教育不可或缺的一環。

可是，開始研讀哲學的學生，往往容易養成一種不健全的心態。他們之中，有許多人意氣高於實學，靈感多過訓練。他們忽略了哲學專技訓練的重要性，而沒有按步就班地從事哲學的活動。這是我們從事哲學教育者應該注意的地方。

在許多的大學裏，哲學教學一向過分自由放任。這大約也是因爲沒有體認到哲學專技的重要性的緣故。於是有許多哲學學生，對於哲學缺乏基本的學養和正確的認識。他們學了哲學，可是仍然不知哲學的意義與價值。這樣長久下去，徒增人們對哲學的誤解，加深社會對哲學教育的輕視。這樣演變下去，萬一有一天，哲學不只成爲人們逃避現實的天堂，甚至成了學生逃避功課的樂園，那對哲學和哲學教育的意義與價值來說，眞是一大侮辱。

哲學訓練在於培養學生，使他們成爲思想家（不一定是哲學家）。哲學教育的目的在於幫助人們，自覺生命的意義與價值，從而熱愛生命，不草草人生。

哲學不只是一種專業，哲學是一種人生。

一九七三年四月三十日

❶ 引自作者之「哲學・科學與人生——代前言」一文。登於「科學月刊」第三卷第四期。一九七二年四月出版。

❷ 這樣的見解倒是眞的似是而非，眞假莫辨。在科學裡何爲眞理何爲假說，並沒有像常人所想像的那樣，具有清晰明確的區分。在科學的活動裡，也不是完全具有公認的方法和一定的證明程序。

❸ 否則他們就成了哲學家；成了科學哲學家，數學哲學家等等。

❹ 羅素語。

❺ 哲學家的品質或許古今類同，可是哲學專技家的段數，則古今大異。這也是窺看哲學進展的窗口之一。

❻ 蘇格拉底語。

○ 並不需要是偉人，生命才能有光輝；只要我們的心靈發亮，人生自然偉大。「世界上不能每一個人都成名，但却可以每一個人都成功」——如果這種成功是人生性靈上的成就的話。

# 哲學的功能以及從事哲學的現代意義

1

每年都有很多人懷着求知的好奇，解惑的期望和濟世救人的投注與熱情，走進哲學的領域，參加讀哲學，研究哲學，甚至運用哲學的行列。同樣地，每年也有不少人，由於經不起哲學思潮的衝擊，耐不住從事哲學的孤單寂寞，看不出讀哲學的遠景，理不清哲學跟增進人生，改革社會和改造世界的關係，又從哲學的領域中抽身離去。年年如此：每年都有人充滿着希望和熱情而來，每年也有人抱着懷疑和失望而去。哲學就是這樣，常常是一個給人希望的學科，也常常是令人迷惑的學科；它常常是受人推崇的學科，也常常是被人誤解的學科。

2

一般人追求哲學大多起於對它的寄望，因此他們放棄哲學，往往意味着這份寄望的破滅。在人與人的愛情上，有些人相信「人因誤解而結合，却因瞭解而分開」，可是人在對於「愛智之學」的追求和捨棄上面，又何嘗不是充滿着看似瞭解的誤會，以及建立在誤會上的瞭解。

因此，首先讓我們觀察一下，普通舉手叩敲哲學之門的人，到底對哲學懷着什麼樣的期望。然後檢討一番哲學能不能滿足這些期望。這樣一來，我們才更加明白爲什麼有人對於哲學起於熱情而終於冷淡，滿懷希望而來，但却充滿失望而去；我們也才能更進一步，對自己志願投身哲學的選擇，有一份自覺的領會。

## 3

有的人立志讀哲學，是因爲實踐上，行動上的需要，另外有些人進到哲學裏，是爲了深層理論的興趣。讓我們首先談論前者：

㈠不少人把哲學看成是人生處世的學問，認爲古今聖賢的主要貢獻，就在於爲萬世衆人指出生命的價值和人生的意義。因此，對這些人來說，從事哲學的探索就是爲了解決生命中，感情的痛苦和意志的徬徨；爲了消除人生裏，善惡的迷惘和生死的執着。這樣，鑽研哲學的目的主要在於一己之修身成德，主要爲了個人的安心立命。

㈡也有人把哲學看作是經世濟人的學問和改造世界的南針。在這些人的眼光中，哲學告訴我們人類命運的終極，以及社會應有的走向。從事哲學的目的，就在於把握這種歷史上和演化上的「必然性」，去從事改變人性，改良社會和改造世界的任務。

我們不必立刻指出這樣的哲學構想是否合理，對哲學寄予這種希望是否妥當。這是我們在下文裏會觸及的問題。

我們也要注意，上述的㈠和㈡的兩種構想與寄望，並不是互相衝突，因此並不是互相排斥的。有些人在實踐上不僅要求「獨善其身」，常常進一步志在「兼善天下」。

4

懷着深層理論興趣而走進哲學的人，也常常表現出不同的着重點；

㈠有的人相信哲學在於對宇宙人生做出本質性的探討，因此學了哲學之後，對於萬事萬物能够產生徹底的認識，甚至從而獲得絕對的結論和永恆的眞理。

持着這類見解的人，相信宇宙人生的種種問題，不管表面上看起來多麼詭異複雜，最後終有一個斬鐵截丁的答案。這樣的答案不是藉表面的觀察探求就可以達到，而必須依賴哲學的窮理思辯，才有以致之。

㈡也有些人相信，在每一門學科裏，把問題推展到窮極究竟的地步，就會遇到該學科本身所不能解答的問題，這時我們已經由該學科的內部問題轉到哲學問題之上了。所以，在這種構想之下，哲學是一種「殿後」之學──用現在流行的術語來說，就是一種「後設」之學。

比如探索科學所不能解答的基礎問題之學，是爲「後設科學」；探索數學所不能解答的基礎問題之學，是爲「後設數學」❶……後設科學，後設數學等等，皆係哲學的範圍。

同樣地，我們也暫時不評論這類的哲學構想是否言之成理，是否持之有據。

## 5

以上所說的這些對哲學的看法──以及因此演申出來，對哲學的寄望──雖然內涵有別，重點各異，但是却有一個共通的特徵。這些見解全都肯定哲學的功能在於成全，在於建立，不管所寄望成全的是個人的品德，或是理想的社會；所期冀建立的是宇宙人生的至理，或是學術根底的後設理論。總之，哲學的要務在於建樹，從事哲學活動是在從事一種建設工作。

可是晚近曾經有一種哲學主張，認爲哲學的主要任務既不在於成全，也不在於建立；而只在於解剖，只在於分析。持着這種哲學構想的人，往往認爲傳統的哲學構想是建立在誤解之上，因此以往人們對哲學的寄望，事實上是不可能付諸實現的空中樓閣。他們之中，有的甚至更進一步地認爲，傳統號稱爲哲學問題的，絕大部份只是人們──尤其是哲學家──誤用語言或誤用概念的結果。也就是說，我們之所以有哲學問題，往往是因爲哲學家用語言結繭自縛，以概念庸人自擾的結果。所以依據這樣的想法，事實上並沒有什麼眞正的哲學問題要等待我們去解決，我們所要做的只不過是清除掃蕩的工作而已。因此，哲學不在建立，而在解消；不在成就，而在醫療。哲學的眞正要務在於概念分析或語言分析，不是在於羅織廣大無邊的系統，不是在於探索深奧永恆的答案。

## 6

現在讓我們發問：哲學是否具有一般人所想像的功能？或者我們通常對於哲學的寄望註定落空？

首先我們知道，我們之所以認爲哲學有助於正性成德，改造世界，當然不是因爲哲學可以產生一種實用的技巧，而是由於哲學提供我們一種信念的基礎。我們常常將這種信念基礎叫做哲學上的「理論根據」。

可是哲學上的理論怎會具有「實用」的價值？它怎會在我們爲人處事，經世濟時之中，產生指導性的力量呢？

人類在許多情況之下——尤其是在自以爲做着重要的決定之時，並不是盲從妄動的動物。他往往希望根據理性的要求，做出有情有意兼而有理有據的決定和行動。因此，理論本身雖然只是語文上或概念上的事，可是它的內容一經人們的採信，卻足以構成我們做出決定和發爲行動的理由根據。這些被奉爲南針的理論，往往在個人的脫胎換骨和社會的變革改造方面，產生巨大的影響，甚至發生決定性的作用。

然而，並不是只有哲學的理論才能產生驚天動地的力量；事實上，許多產生過呼風喚雨，迷人動衆的力量的，並不是眞正的哲學理論——它們往往只是假借哲學之名行事而已。

這個理由很簡單。哲學貴在批判性的思辯。古往今來的哲學成就，就是深刻的思辯和不斷的批判所得到的結果。可是行爲的準則和決策的綱領却貴在明確與堅定，這樣才能產生齊一的反應，收到預期的效果。由於哲學貴在不斷的批判，因此一個從事哲學的人愈保持一份開放的心靈愈好；可是由於行爲決策貴在堅定，因此開放的心靈反而顯得猶疑躊躇，不能當機立斷。所以，古來哲學的思想並不常與行動的決策並駕齊驅。許多導致轟轟烈烈的行動之主義，往往起於哲學的啓廸，但却終於刻板的教條；起於理想主義的優美情懷，但却終於獨斷式的殘酷執着。這是很有原因，很有理由的。也是值得我們特別加以警惕的。

## 7

這樣說來，難道哲學是與眞實的人生分離，與實際的行動絕緣的概念遊戲嗎？

絕對不是。

那麼哲學的實用性從那裏產生的呢？哲學怎會產生成德的功能和改造世界的作用呢？

簡單比喻來說，哲學之所以有用，是因爲它令我們的生命發生徹頭徹尾的變化。在我們從事哲學之間，不斷的思辯與批判正好似一團熊熊熾熱的火焰，它把我們生命中的糟粕燒盡，剩下一個純真精鍊的自我；它使我們不斤斤計較現實世界的蕪雜與紊亂，出泥脫塵地孕育優美的情懷，培養高超的理想，通過一己的生命把人性帶向更加超俗，更加淨化的地步。

所以哲學的成就，完全只是內在的成就；所以哲學的功能，就是這種造就人生的成德功能。簡單明確地說，哲學只能通過一個人自己的思辯和批判，造就一個一個的自我；它不能統籌代辦，集體立功。因此，如果我們志在發揚哲學來改造世界，這種事業也只能通過改造一個一個的人生出發去從事。

8

前面說過，哲學提供我們信念的基礎。現在讓我們進一步追問：哲學建立了我們什麼樣的信念？

一般我們常常將信念截然區分為兩種：一是事實信念，一是價值信念。我們甚至進一步認定兩者既不能互相推衍，也不能互相化約。比如：

(1)人是哺乳動物

這是一種事實信念，因為它是否成立，可以在經驗世界裏加以證實。可是像：

(2)人是偉大的動物

這就是一種價值信念了。它是否成立，只有在某一個價值系統裏才能加以解答。

然而，像

(3)人是多情的理性動物

這樣的信念，到底是一種事實信念呢？或是一種價值信念？

事實上，兩者都不是。我們不是通過經驗的考察，去證實或否證(3)是否爲眞；我們也不是訴諸任何的價值系統，去考察它是不是成立。旣然像(3)這樣的信念，旣不是事實信念，又不是價值信念，那麼它是什麼呢？

我們要把它叫做一種「形上信念」。

在一個形上信念裏，沒有事實與價值的分野，它也不是事實與價值的簡單綜合。如果我們一定要强作解析的話，那麼我們姑且說：一個形上信念是「實然」（實在如此），「應然」（理該如此），「願然」（我願其如此）和「欲然」（我欲其如此）的綜合體❷。

形上信念是哲學的基本信念，哲學所提供我們的信念，就是形上的信念。

## 9

大體說來，哲學問題就是形上問題。哲學就是形上學。除了形上問題而外沒有哲學問題，沒有形上學也就沒有哲學。可是我們這個時代是個懼怕形上學的時代，是一個對於形上學不知如何安置，不知如何處理的時代。因此，我們這個時代，也是一個不敢正視形上學，不敢觸摸形上學的時代。可是由於哲學就是形上學，因此嚴格地說，我們這個時代，是個不敢正視哲學，不敢認眞探索哲學的時代。

於是，在我們這個時代，有人斷言形上學沒有意義，有人高喊要把形上學趕出哲學的家門。有人聲色俱厲地倡說：哲學只是分析，哲學只在於治病，哲學只爲了醫療。

## 10

可是過分稀薄的空氣，到底不能養育健康的生命。如今，二十世紀的末葉，人們逐漸從科學主義的迷夢中清醒過來，逐漸看清楚只靠科學和常識——另外加上不加思辯不加批評的奇想和迷信——到底解決不了人類終究的難題。人們的確可以爲了和飢餓奮鬭，而暫時遺忘一切。可是等到人們有了溫飽，不愁衣食之後呢？科學不能告訴我們人爲何物，幸福是什麼，人生的意義在那裏？科學也只能望洋興嘆：人爲什麼不能相愛，和平爲什麼這麼難求，人類的歷史到底應該走向那裏？

## 11

經過二十世紀的哲學貧乏，尤其是形上學的蒼白[3]，以及因此產生出來的個人價值失據，情感無依，生命膚淺，和社會羣體的方向迷亂，令我們對宇宙，對社會和對人生的問題，產生一份更加緊急迫切的關心。我們將重新深刻地體會到哲學成德之念並非只是迂腐之談；古來哲學所標榜的理想，也不只是知識上有閒階級窮極無聊的綺想殘夢。我們需要重新在我們的生命中，注入哲學的血液，不只讓它空具科學的筋骨而已。把握了這一關鍵，我們才眞正體認到當今從事哲學的時代意義。

一九八〇年八月二十八日

❶「後設數學」一詞另外有一種專技性的意含，我們不在此處涉及。

❷這是一個較爲複雜的問題，讓我們留待另文討論。

❸我們並沒有說，一切號稱爲形上學的都是值得我們擁讚的形上學；正好像並非一切冠以科學之名的就是眞正的科學。我們也沒有說，形上學只限於傳統那些形上理論，一切的形上學也不斷在人們的思辯和批判中繼續成長。

# 從東西方的哲學思想看生的意義與死的價值

## 1

在我們這種生命狀態下，生與死是密切相關的問題。我們甚至可以說，它們是同一個問題的兩個方面。因爲在我們這樣的有限人生情狀裏，有生，就有死；而且，有死，正由於有生。因此，當我們設想生的意義的時候，死的價值問題也就歷歷在目；同樣地，當我們決定了死的價值的時候，生的意義問題便可以迎刄而解。

由於這個緣故，讓我們在此處從正面上集中討論生的意義問題，而只附帶地涉及死的價值問題。

## 2

如果人的生命像是一把絕頂重要的鑰匙，每天清晨醒來取用時，都要愼重地塡表申請。夜晚臨睡之前，還得感恩歸還。主宰我們生命的權威在我們領取之前，總要不厭其煩地追問：今天我們爲什麼要領取鑰匙，我們計劃做些什麼事。倘若我們已經重重複複地領用了成千上萬次生命的日子，那麼爲什麼還要繼續申請……。當我們歸還的時候，他更要追問：我們今天成就了什麼，失敗了什麼；有什麼感觸要向後人提起，有什麼經驗可以對晚來申請的人訴說……。倘若我們的日子總是在這麼得之不易的情況下開始，又在那麼失之可惜的心情下結束，那麼我們一定會對生命有份更深切的自覺和反省，對我們的人生更加保愛和珍惜。

或許如果每個人的生命全有定數。當我們生下來的時候，每個人都領取了一生固定的年歲，任由我們自由支用。正好像有人爲我們在銀行裏存放了一筆定額的信託基金，供我們取用一樣。每當我們度過了一個晝夜，尙失了生命的一天，在我們的人生結帳總簿上，也就短少了一日。這樣，每逢我們翻開自己的生命之簿，發現自己的日子愈來愈加短少的時候，就會猛然記起，光陰易逝，來日無多；於是對自己的生命油然生起一份傷逝之情和珍重保愛之念，從而激起更爲積極的人生態度，產生更加奮發進取的處事精神。

3

然而，我們的生命却不是在這樣的條件之下開始的，它也不是在這樣的情境之中進行的。平時，活着對我們而言，好似最自然不過的事，因此我們對於生的問題，通常沒有多加思索。同樣地，死亡似乎是件非常遙遠的事，所以我們對於死的問題，一般也未曾多費思量。可以說，通常我們對自己的生命，並沒有充分的了悟和自覺；對自己的人生缺乏必要的把握和預算。同時，由於我們對於是否要生來這個世界，固然無權加以選擇；就是對於幾時離去，也往往顯得無可奈何。因此，許多人不知不覺地養成一種對人生的消極態度：苟且偷生，逆來順受。對於生命中的理想和願望，缺乏一股不可取而代之的熱誠；對於人世間的苦難和悲慘，也只是存着縮身廻避，去禍消災的心理。我們往往沒有正視我們的生命，沒有認眞去設想我們的生與死。

## 4

不過在我們的人生裏，偶爾也會呈現異乎尋常的時刻，令我們對於生命和死亡的問題，訝然生起一片驚震和深思。例如當我們的親人或至友和病魔痛苦掙扎，生命顯得那麼無援無助的時候；或者當昨天還和我們在一起把酒言歡的故人，今日乍聞他突然去世，人生顯得虛浮無常的時候；或者當我們眼看自己的同類受盡奴役和迫害，人性的尊嚴顯得那麼單薄脆弱的時候；或者當我們發覺許多人在飢餓線上掙扎，過着非人的生活，而懷疑死是不是比活着更好的時候；在類似這樣的非常時刻裏，我們容易對生命產生一種「存在的自覺」。這是我們進一步追問生命的價值和人生的意義的契機。

可是存在的問題最容易變得疏而不察，習以為常。正好像平時我們都不覺得心臟的存在，不覺得牙齒的存在，或者不覺得我們的胃存在一樣。只有當心臟不適，牙齒疼痛，胃病發作的時候，我們才忽然感覺到這些器官的存在。可是，等到我們恢復健康，呼吸順暢，消化良好之後，我們又漸漸將這些器官淡忘，又變得習而不察了。

我們對於生命存在的自覺也是如此。當我們處於安樂之時，往往對於生與死的問題不思不想，不覺不察；等到我們開始覺悟到生命的問題，而對它加以反省思量的時候，可能我們業已遭遇到人生的痛苦和困難。所以，在我們這種生命情狀之下，生活的安逸往往與性靈的深度成反比。

## 5

不論是基於需要，或是起於好學深思，當我們追問生的意義和死的價值之時，我們通常是承傳着某一個文化傳統，或者是在某一種哲學思想的激盪之下，來考慮思量的。不同的文化傳統和哲學思潮往往對人生做出不盡相同的許願，對生命的價值標示出相異的着重點。

現在首先讓我們觀察一下，在西方主流哲學的衝擊之下，人生的意義呈現一種怎樣的局面。接着再讓我們考察，東方的哲學思想對這個問題，可望提供什麼樣的貢獻。

## 6

在西方的哲學思想裏，人類具有一種很突出的形象。「人是理性的動物」。他要以他的智力瞭解他周圍的世界，揭開宇宙萬物之謎；甚至進而利用萬物，充當它們的主宰。

這樣的構想標示着人類一種外求的路向。我們不是向自己的內裏深處探求，建立一種自己可以把握的內在眞實；我們是將人類的智能投向宇宙的遠處和深處，捕捉外在世界的「客觀」相貌，進而控制外在世界，駕御外在世界中的事物。

因此，人生的積極意義在於不斷的向外探索，不斷地往前冒險，不斷地向他處擴張。我們的智力給想做是一把無往不利的寶劍，不停地向新境界去爭伐；或者看成是一條無孔不入的鑰匙，不住地解開天地宇宙間的奧秘。在這樣的景象之下，人類熱心於知識的獲取，努力從事於科學的探求；對於未知的領域的冒險不遺餘力，對於新疆界新天地的開發勇往直前。人類在上個世紀無法克服的困難，現在要以更精進的智力去超越；人類在以往的時代不能解決的問題，現在要以更發達的智能來對付。人類的特徵就是那發達的大腦，就是那高度的智能，就是那冷靜的理性。所以，不管是個人也好，不管是整個的人類也好，人的成就在於理性的成就，理性的成就是人的最高成就。簡單地說，生命的價值在於理性的把握，人生的意義端賴理性的發揚。

誠然，人是理性的動物。誠然，理性是人類的一種可貴的品質。可是，當我們只集中注意這一品質，把它當做最爲高貴的品質，而對它加以無窮放大，一味獨尊的時候，遲早會顯露出這種作法的偏頗和難點。今日西方這種外求心態所遭遇到的理論困境，並不全是發乎偶然，出人意料的事。

當人類不斷向外拓展，追求眞理，探索新的事物，開發新的境界的時候，我們不能只是依靠聰明的心智，我們還得訴諸敏銳的感官。儘管我們都知道，我們的感官並不是百分之百的可信——我們時時產生錯覺，偶爾甚至發生幻覺——可是，感官經驗却是我們在追尋外在眞理，捕捉外在事物，拓展外在疆域時，所不可或缺的成素。我們必須使用我們的感官知覺去獲取對於外在事物和外在世界的印象。換句話說，在我們人類的外求活動之中，心智或理性的活動，也必須不違背我們的感官經驗，才能獲得我們的採取和信賴。

可是這種注意感覺內容，重視感官經驗的趨向，在人生的認定和價值的選擇上，却產生了深遠的影響。

由於我們着重感覺經驗，因此我們要求人生的許多追求落實到可見，可聞，可觸摸，可印證的外顯層面上。這樣的要求，倘若當做是種方法論上的條目，用來方便建立經驗知識，原來有它正面的貢獻。可是，如果把它當做是人生一切價值的指導原則，那麼就很容易演成注意外表，重視功利，講究權勢，追求感官享受的「人生哲學」。生命的意義變成存在於身外之物的追求，而不存在於人類自己內在價值的建立。生活的目的變成在於增進物質方面的豐富，而不在於致力精神方面的提升。

8

我們生活在二十世紀，躬逢其盛，看到西方文明的步步興盛，目睹西方勢力的節節擴張，感受到西方生活方式的樣樣逼人。許多人在這個外顯，外向，外求，外張的西方力量的强力衝擊之下，不自覺地迎合這種西方的潮流，採取這種西方的生活方式，追求這種西方觀念下的生命意義與人生價值。他們甚至暗地裏認爲：西化就是現代化；要做一個現代人，就必須全盤採納西方的文化。

於是我們社會上呈現出一些觀念的衝突，價值的交錯，以及生活方式的格格不入。所謂「代溝」處處有之，所謂「適應不良」比比皆是。眼看這樣的雜錯紛亂，我們不禁要從新問起：我們應該選擇那一個方向，我們應該採取什麼樣的生活方式？甚至更進一層追根究底地發問：我們爲什麼而活，生命有什麼價值，人生的意義在那裏？

恰巧二十世紀的末葉正好也是西方文明的困境與敗跡愈來愈加顯露的時代。標榜理性活動，注重感覺經驗的外求文化，一味發展下來，慢慢顯現自身的偏頗與不足。在眼花撩亂的物質滿足之餘，人生表面看似一層歡樂的顏色，可是細心品嚐之下，又發現根底深處仍然隱藏着那拂拭不去的悲愴的生命的本質。於是人生的基礎問題又出現了，生與死的問題又變成了尖銳敏感的問題。

在這樣的文化自省的時刻，我們很容易追想我們自己原有的文化傳統，尤其是我們文化傳統中的價值取向和人生體驗。我們的文化理想標示着什麼樣的生命意義和人生價值？我們的祖宗先人表現出他們所追求的是什麼，想成就的又是什麼？他們要爲什麼而活，他們要爲什麼而死？他們告訴我們生的意義是什麼，死的價值又是什麼？這是在二十世紀末葉，這種文明危機的時刻裏，值得我們深思細想的問題。

## 9

從基本上來說，東方的哲學思想所孕育出來的，不是一種外求，外向，外顯，外張的人生觀。不管是中國的哲學傳統也好，印度的哲學傳統也好，當落實到人生意義和生命價值的層面上時，兩者都是以建立我們內在的眞實，做爲其終究的鵠的，而不是以探索外在的眞理，做爲它基本的目標。由於這個緣故——由於這種根本的「哲學關懷」之差異，所以在東方人的人生哲學裏，我們所致力成就，努力以赴的，不是怎樣揭開宇宙的啞謎，怎樣顯露天地的奧秘；而是怎樣「成德」，怎樣「成佛」，怎樣「成聖」，怎樣「成人」。就是當我們在從事探討外在的「客觀眞理」的時候，我們也往往不忘「主體價值」的建立。

## 10

就以中國的哲學思想來說，由於這種成德的要求，由於這種安立主體價值的存心，因此我們對於人性的關注點，就與西方迥然不同；我們想要發揚的人生特質，也與西方大異其趣。比如，傳統中國的哲學家所强調的，不是人性當中的理性特色，而是人性當中的道德可能。當然，在人生道德的建立和發揮之中，理性的成素佔有它不可抹煞的地位；可是，只從人類的理性，我們推衍不出道德行爲的自發性；同樣地，只依據人類的理性，我們也無法證立道德價值的內存意義。因此，我們的先哲先賢不是着眼理性智能的發揮，來標示人類的偉大；中國的哲學智慧起於肯定人類的價值主體，從而指出人類的道德意識、道德觀念與道德感情的眞實性。

這樣的哲學凝聚出一種內求，內立的人生觀。生命的意義在於建立我們內在的道德主宰，而不在於經營外在的客觀世界；人生的價值在於成全光明磊落的精神自我，而不在於擁有豐盛雜多的物質生活。所以，我們看到傳統的中國人，珍視內存的優美，甚於外表的綺麗，注重深藏不露的品德，甚於顯現外揚的技能。儘管在儒家的理想之中，完成「內聖」而外，還要追求「外王」，可是，爲要達到外王的地步，首先要從內聖的功夫做起。這是中國的人生哲學重視內存、內立、內驗的一個典型的表徵。

注意修養，重視品德，着眼內存意義的培養，注視道德主宰性的建立，和道德感情的發揚，這些正是我們的人生哲學裏的精華；然而，它們也正是今日在我們的社會和在我們的（大衆）文化裏，愈來顯得愈稀薄，愈來變成愈脆弱的成素。在我們追求「現代化」的過程當中，我們似乎毫不思察，毫不考慮地，一味只在尋求「西方化」，而在我們追求西方化的過程當中，我們又似乎毫不留情，也毫不留意地，率先將我們的「人生哲學」加以西方化。我們可曾細心想過，當我們這樣做的時候，我們喪失多少固有文化的精華，我們引出多少文化敗落的難題？

## 11

由於我們的哲學不專注重人類智性的外揚，而更珍視人類精神的超越和內在品質的發揮，所以，我們往往並不强調「人是理性的動物」；我們所强調的是「人是道德的動物」以及「人是有情的動物」（甚至「人是多情的動物」）。事實上，在我們的人生理想之中，我們的道德心和我們的生命感情，兩者雖然可以區別，但却不能强加分開。這就是爲什麽在西方的哲學發展之下，知識與道德之間產生了不可踰越的鴻溝，理性和感情之間出現無法彌補的裂痕；可是在我們的哲學傳統裡，「心」要與「理」結合，「知」要與「行」合一。事實上，理性所加諸我們的難關，我們利用對生命的熱情去跨越它。所以，表現到我們人生的個別經驗上，我們講究合情，不只重視合理。我們將情與理，情與義，結合在一起。

這樣的人生態度也塑造出我們一種很獨特的對人和對物的關係。由於我們不是以冷冰冰的理性眼光看人，我們不只是把人看成一種對象，而是一種像我們自己一般的感情和道德的主體；我們不只以發掘探究，開發利用的精神對待萬物，我們還要建立一種物我之間的和諧和交融的境界。

因此，人不只要在自然界中，求取生活的憑藉，我們更要欣賞自然，與自然合一；效法自然，從自然之中得到智慧和啓發。

這種生命的哲學，令我們養成更爲開濶的心境和更加深遠的感情，也使我們在內心裏樹立一種堅强無比的道德力量，成了一個無法從外面加以擊敗的人。

## 12

最後，讓我們從死的價值，回看生的意義；藉以進一步襯托出中國的人生價值的特色。

從生物的層面上觀之，死亡等於回歸到一種無知、無識、無感、無覺的狀態。這原無什麼價值可言。可是如果我們進一步追問：我願意爲什麼而死？那麼價值問題也就立即呈現，而且也附帶鈎畫出生的意義來。因爲只有深知生命意義的人，才知道犧牲生命的價值；一味只求苟生怕死的人，不明白人生的意義。我們常說：死有重於泰山，死有輕於鴻毛；正是這個意思。

比較看來，中國人所歌頌的生命——以及其所讚美的死亡——不是基於事功的偉大和顯赫，而是由於道德操守的堅實和內在自我的不可擊破。中國人的英雄，往往表現出悲劇的生命結局，可是這正是我們所把握到的生和死的意義和價值。一個聖人的軀體，抵擋不住惡徒的刀槍；可是一顆聖潔的心靈，任何人都無法加以沾污；外物的一切盡是有成有敗，可眞可假的表象；內心裏所建立的自我，才是唯一不可被强奪，不可被打敗的眞實。所以，歷代的中國英雄，往往以犧牲生命去保全內在的自我；他們用肉體的死亡換取精神的萬古長存。從這個角度上看，我們就很容易明白，東方人爲了發揚內在的眞實，所表現出來的那種雖敗不降，死而無愧的生命情懷和道德力量。這裏顯現出死的價值，也標明了生的意義。

一九八〇年十月十四日

# 概念與心象

## ——心靈事物的哲學研究之一

### 1 哲學問題的確認、提出與解答

哲學問題的確認、提出與解答預先假定着哲學觀念（idea）的建立和發展。一個問題的確認不僅在於心理疑難的呈現，或是心中迷惑的不能消解；因爲心理的疑團與內心的困惑都只是一種心靈狀態（mental state），而一個問題的確認却不是一種心靈狀態。

當我們確認了一個問題的時候，常常有隨伴而生的心靈狀態；比如我們因確認到一個哲學問題而感到疑惑，確認到一個社會問題而有所不安；甚至由於問題的確認而產生某一方面的缺陷感和另一方面的滿足感，某一方面的失落感和另一方面的成就感；這些由於問題的確認而隨伴發生的心靈狀態往往因人而異，或隨着當時情境之不同而有別；問題的確認與與之相伴的心靈狀態之間的關聯是一種「適然的」(contingent)關係，不是一種必然的關係。

儘管當我們確認問題時，常有這種隨伴的心靈狀態，可是問題的確認本身却不是這種心靈狀態。根本上說，確認一個問題是一種心靈活動——或者，更精確地說，它是一種「心靈動作」(mental act)。心靈動作是一種意向性的(intentional)活動。

在確認一個問題的時候，首先牽涉到的是對於一些觀念的把握。沒有觀念一定沒有問題，前者是後者的必要條件；而且一個問題的確認牽涉到對於不止一個觀念的把握。對於某一觀念的確切把握，嚴格說來理應包括下列諸事：①該一觀念的浮現。這是一種構作性的心靈活動[4]。②該一觀念與其他某些觀念間的關係的認定。這是一種解析性的心靈活動。③該一觀念的系統定位或脈絡定位，包括設定該一觀念在某一系統或某一脈絡中，到底是什麼種類，屬於那個層次等等。這是另一種解析性的心靈活動。

這樣說來，觀念的把握顯然是心靈活動的結果。可是，這一個心靈運作的過程，並不是上述三事依次進行的，它是一種上述三事交互運作的過程。

哲學問題的確認是哲學問題的提出與哲學問題的解答之先行條件。而今觀念的把握是確認問題的必要條件，可見觀念這一心靈項目在哲學探討裏所佔有的重要地位。然而，在源遠流長的哲學傳統裏，「觀念」一詞從來沒有一個明確而齊一的意含，因此對於觀念究竟爲何物，也沒有一個嚴格而統一的瞭解。許多哲學論說的含糊不確，以及哲學理論的正誤難辨，往往由此而生。比如英國經驗論的意義論（theory of meaning）——尤其是洛克（John Locke）的所謂「意念論」（ideational theory）——是否正確和是否可以接受，一大部份得決定於我們如何瞭解「觀念」一詞在該系統裏的意含❷。

在哲學的用法裏，我們最常見到的混淆就是在「觀念」這一語詞的籠罩之下，把概念（concept）和心象（mental image）等而同之。本文主要的目的就是要清楚地區分兩者，並且在區別的過程中，考察兩者分別具有的重要性質。

## 2 心靈的舞台—概念、心象與情意

如果我們把心靈喻爲一座舞臺，那麼我們的心靈活動和心靈狀態則好似在舞臺上上演的一齣齣的戲劇和瀰漫着舞臺的一幕幕的景象和氣氛。戲劇是一些演員的動作與表現，而景象與氣氛則是由畫幕、道具、音響與燈光等等所交織起來呈現的結果。值得注意的是，戲劇不只是抽離的演員之動作與表現，它實在是在某一景象與氣氛下的演員動作與表現的整體。

我們的心靈也頗爲類似。我們想像，回憶，認識，懷疑，採信，推理，分析，判斷……這些全都是我們的心靈活動；另一方面，我們快樂，哀愁，憂鬱，悲傷，欣喜，空虛，寂寞，眞誠，虔敬，悠然，疑惑，憤怒，恐懼……，這些全都是我們的心靈狀態❸。同樣地，我們的心靈活動並非在空白的背景下爲之，我們的所有心靈活動都是在某種心靈狀態下進行的。

現在我們要問：那麼什麼是我們心靈舞臺上的演員？是什麼構成我們心靈舞臺上的燈光、音響與道具？

分析起來，構成我們的心靈活動與心靈狀態基本內容成素有三，我們要分別稱之爲「概念」、「心象」和「情意」。

底下的討論主要是針對前兩者而發，情意一項將留待另文討論。

## 3 概念性的思考

概念是我們嚴格的思考所不可或缺的要素。認眞的思想可以約略區別爲兩類：「概念性的思考」和「圖像式的觀想」。所謂概念性的思考是指我們的心靈將所持有的概念拿來加以澄清，分析，定位與應用；或者將它所持有的一些概念拿來比較，組合，參照與繁衍。舉些例子來說，當我們在認眞思想人到底是什麼的時候，我們不可避免地要涉及「人」這一概念。我們分析這一概念的內涵（內容），理清它的底蘊；在這樣的過程中，確定該一概念與其他概念之間的關聯，從而進一步建立信念，立下判斷。比如，在考察人到底爲何物時，我們終於認定人是理性的動物。這時我們一方面分析並澄清了「人」這個概念，同時我們也將它與「理性的動物」這一概念關聯在一起。我們認定了「人」這個概念的內涵和「理性的動物」這個概念的內涵之間的某種特定關係。不僅如此，「理性的動物」這一概念本身又是由「理性的」與「動物」這兩個概念，依某一特定關係組合而成；而這兩個概念本身接着又可做類似的分析。我們還可以再追問：「理性的」這一概念的內涵如何，「動物」這一概念的內涵如何。這樣的分析與澄清的過程，往往可以一步步繼續進行下去，層層深入。在這樣的進程中，我們往往爲了追問一個概念的內涵，牽涉到一個系統的其他概念。這是概念分析的一個極爲重要的特色④。

再舉一個例子來說，我們的心靈持有「魚」這概念。在我們日常的思考裏，這個概念的內涵往往並不十分清楚。比如「魚」這一概念和「水棲動物」這一概念的關係如何。是不是所有的魚都是水棲動物？反之，是不是凡是水棲動物都是魚呢？也就是說，「魚」這個概念是不是含有「水棲動物」這個概念做爲其內涵的一部份呢？反之，「水棲動物」這個概念又是否含有「魚」這個概念做爲其內涵的一部份呢？平時當我們夢想吃一道美味的魚餚時，我們內心裏含有的「魚」這概念並不需要非常準確，我們甚至只需要一點模糊的心象（參見下文之討論）；可是，在別的許多場合裏，情形就大爲不同。比如，我們初見鯨魚噴水時，訝異於有此龐然大魚。然而在生物學家的細察研究之下，發覺所謂鯨魚其實和其他許多種魚有着基本上的差異。例如鯨魚是胎生的，牠是哺乳的。於是我們對於「鯨」這一概念也就產生更精確的瞭解，對於它的內涵有了較爲確切的認識。原先所認定「鯨」和「魚」這兩個概念之間的關聯，也有了重新的認知和考訂。原先我們以爲「魚」的內涵含攝在「鯨」的內涵之中，可是經過這樣的研究與發現，我們終於轉而將「鯨」這概念和「哺乳動物」這概念關聯起來；把「哺乳動物」這概念收納到「鯨」這概念的內涵之中。

在以上所舉的例子裏，概念性的思考時常與經驗的考察隨伴交互進行。所謂「經驗的考察」是指以我們的感官經驗做爲基本依據，研究我們所在這個世界的事事物物之性質、情狀和關係。比如，我們藉着對於人的探討——特別是對其認知、分析、推理等活動的研究，確立人爲理性的動物；因而將「人」這概念與「理性的動物」這概念關聯起來。同樣地，我們對於鯨的考察，確立了鯨不是魚的信念，因爲牠是種哺乳動物；於是我們將「鯨」這概念和「魚」這概念的原先的常識性之聯結取消，代之以「鯨」與「哺乳動物」之科學性的關聯。

概念性的思考也可以抽離經驗考察的隨伴單獨進行。比如，數學上的系統建構或形上學裏的思辯推展所賴以進行的概念性思考，就是一些很顯然易見的例子。例如，我們通常對於數、偶數性、素數性、相對素數關係、無窮性、理念、共相、絕對性等等這些項目的道說與斷言，就完全建立在我們對於「數」、「偶數性」、「素數性」、「相對素數關係」、「無窮性」、「理念」、「共相」以及「絕對性」等等這些相應的概念之分析與澄清，以及將之與其他概念比較和關聯的結果。在那樣的斷言裏，以感官爲基礎的經驗考察是沒有佔着任何重要的地位的；我們純然藉分析概念與比較概念的方式進行的⑤。就是暫時不談這些看似深奧的例子，我們也可以在日常生活的淺顯事例之中，找到無數純粹概念性思考的應用例子。比如，我們內心裏擁有「兄弟」和「姐妹」這樣的概念。當我們要致送朋友的兄弟一件衣物做爲生日賀禮的時候，我們不必躊躇到底應該購買男裝或女裝；因爲「兄弟」這個概念包攝着「男性」這個概念。我們不必親眼去觀察，就能斷定朋友的兄弟是男的，這樣的例子看來似乎淺顯不過，因此微不足道。事實上並非如此。這樣的例子看來的確淺顯不過，可是它們決非微不足道，因爲像數學上與邏輯上的所有眞理，分析到最後，也不過是建立在概念的分析、釐清、比較和關聯之上而已。同樣地，經驗科學的眞理之建立，也並不是完全與概念的分析、釐清、比較和關聯無緣，我們在上文對於鯨的討論裏，就可約略看出這點。

當然，只有雜亂無章的概念陳列是談不上認知或判斷等活動的。認知與判斷是概念在我們的心靈裏，依照某種次序與型架，組織安排而成。（此點牽連較廣，當另文討論）

## 4 概念與心象

我們在上一節裏說過，認眞的思想方式可以大別爲兩類，一種就是我們剛剛說過的概念性的思考。這樣的思考是以內存於我們心中的概念做爲組織判斷的基本要素。另外有一種思想方式我們要在這一節討論的，就是我們上文所說的「圖象式的觀想」。

許多人——包括許多思想家和哲學家——沒有嚴格地區別概念和心象。他們常常只以「觀念」或「意念」這類籠統的字眼歧義地稱呼我們心中的概念和影像⑥。這樣的籠統和歧義常常引起哲學上的許多曲解和錯誤，因此我們首先要對兩者加以簡略的辨認；因爲心象是我們接着要討論的圖象式的觀想這類思想方式裏所不可或缺的要素。

首先舉例來說：當我們回憶以往快樂的時光，想起朋友甜美的笑容的時候，我們隱約「看見」友人在往事中的形像浮現心中。這樣的「看見」當然不是通過視覺感官所產生的印象；這時的友人的形像也不是一般進入我們眼簾為我們視覺感受的形影。這類浮現在我們內心裏的形影或圖象，我們稱之為「心靈圖象」，簡稱「心象」。

心象之發生不止於我們對於過往的感覺經驗加以保存記憶，使能重現在日後回想的場合。在我們許多其他的心靈活動裏，也都牽涉到心象的運用。比如我們的許多遐思與幻想，常常就出諸心象的安排與交織。當我們在放懷構想明日的世界時，我們往往是在內心裏浮現出一幅幅未來世界的遠景——奇形怪狀的飛行器擁擠着天空，試管嬰兒的笑臉排列在子女預訂簿的目錄上，房屋可以任意調整方向、高度和形狀，充氣的車輛到了目的地可以折疊起來安放在櫃箱裏……。像在這類思想中，浮現在我們內心裏的影像，常常在日常生活的思想裏（甚至在較為專門的思想裏），扮演着很突出的角色。我們幾乎沒有一天不以心象為媒介來思念、回憶、幻想、展望……。因為我們幾乎沒有一天不在進行着圖象式的觀想。

可是在這個關鍵上，我們首先宜對心象與概念的根本區別加以細心指認，接着概念性的思考和圖象式的觀想兩者分別所具有的特徵，才容易明白呈現出來。

同樣地，首先讓我們舉例來看：我們能夠在內心裏浮現出人的心象——一種有頭有腳，有兩眼兩耳，有一鼻一嘴，有兩手十指……的形影；同時，我們也可以在心靈裏構作出人的概念（亦即「人」這個概念）——其內涵就是「理性的動物」等。同樣地，我們能夠在內心裏浮現出飛馬的心象——一種長着翅膀的馬之形影，我們同時也可以在內心裏構作出「飛馬」這個概念——其內涵就是「有翼能飛之馬」。相反地，我們雖然可以在心靈裏構作出「三角圓」這個概念——其內涵就是「既是三角又是圓」，可是我們却無法在內心裏浮現出三角圓的心象——一種既是三角形又是圓形的形影。同樣地，我們雖然可以在內心裏構作出「偶素數」這個概念，但却無法浮現出偶素數的心象——它根本不可能有形影[7]。

從上面所說的，我們可以推想到心象的發生或形成是有限制的。

第一，我們所擁有或可望形成的心象，都是些有形或具體事物的影像。不僅如此，我們知道只有具體物件的某些性質是可視見的——諸如顏色、形狀、長度、大小……等等；還有其他不可視見的性質——比如味道、聲音、氣質、感受等等——雖然可以形成種種經驗，但我們對於這類性質却無從浮現出心象來[8]。由此可見能夠形成我們的心靈圖象的經驗，只不過是我們的經驗當中的一部份或一層面而已，其他的經驗種類與形式都沒有——並且不可能有——與之相應的心象。可是概念的形成就大爲不同。是具體的事物，我們固然可以構成其概念；不是具體的事物的，我們也一樣可以對之形成概念。概念的形成基本上完全沒有這種對象上的限制。凡是可道說的，都必須是經過概念化的；而凡是可經驗的（雖然未必是已經經驗過或即將經驗到的）都是原則上可道說的⑨；因此，原則上可經驗的一切項目，我們都可望形成對該等項目的概念⑩。

由上面所說的，我們可以看得出：雖然一切可道說的項目，我們都可以構成它的概念，可是對於某些可經驗的項目，我們却無法形成心象。一般所謂抽象的項目就是明顯的例子。值得注意的是，凡是關係——不管是事物與事物間的關係，或是事件與事件間的關係——都是抽象的項目。因爲對於抽象項目，我們不會有其心象；所以我們沒有關係的心象。簡單而且平常得像父子關係、朋友關係、大小關係等，都不可能有心象的。

在此，我們得到一個窺看圖像式的觀想之限制的窗口。

第二，凡是我們的心象都是些個別事物的形象，而不可能是事物一般的普遍形象。本來這一點可以從上述第一要點裏推論出來；蓋因舉凡具體的事物都是個別的事物，而不會是普遍的事物；而今我們已知只有具體的事物我們可以對之形成心象，那麼凡是我們所形成或可望形成的心象，都是些個別事物的心象。不過，由於這一點本身具有它自己的重要性，因此我們特別另列一項指說出來。

就以人的心象爲例來說，當我們在內心裏浮現出人的形影的時候，這樣的形影雖然不一定是要我們所認識的張三或李四的形影，也不一定要是某一個曾經活過的歷史人物的形影，或是以後將會出生的某一個未來人物的形影；儘管如此，可是一切浮現在我們心中的人的影像，仍然要是個個別的人的形影。比如，這一心象所繪示的人，要麼是男的，要麼不是男的；要麼是長着頭髮的，要麼是光頭的；他要麼是黑眼睛的，要麼不是等等。也就是說，該一心象所繪示的人一定不只是具備着凡人都具備的共通性[11]，他必定還要具備他個人自己所獨有的特殊性。再舉一個例子來說，平時我們在試證幾何題目的時候，常常繪出幾何圖形來做爲我們證明時的輔助工具。比如我們畫出一個三角形來幫助我們證明三角形的某些幾何性質。如果我們所要證明的是有關一般三角形的定理，那麼我們所畫出來的輔助圖形就不應該是個特殊三角形。比方，我們不應該畫出一個正三角形，或者畫出一個直角三角形，或是畫出一個等腰三角形；因爲這些特殊三角形的形象，有時不但不能幫助我們啓發證明，而且反而往往影響我們對一般三角形之通性所要做的正確認知與判斷。可是値得注意的是，如果何謂特殊三角形業已決定（如上述所列者），那麼我們不難畫出一個非特殊三角形。可是無論如何我們都不能避免所畫出的是一個個別的三角形。比方說，我們所畫出來的三角形，其三邊的比例一定是個特定的數目，該三角形的底邊一定有個定長，它的高也一定有個定數……，它是一個獨特個別的三角形；因爲它所繪示的三角形不只具備着凡三角形都具有的共通性，它一定還具備着它自己所獨有的特殊性[12]。當我們在內心裏浮現出三角形的心象時，情形也完全類似。我們內心裏的三角形心象，一定是個個別三角形的形象，而不可能是個一般三角形的普遍形像。一切的心象都具備着這個特性，一切的心象都繪示着個別的事物，因此圖像式的觀想也都有着由於心象這個特性所帶來的限制。

反之，我們的概念就大大不同，我們固然可以有徵定個別事物的概念——亦即所謂的「個體概念」，然而更重要的是那些我們所擁有或可望構成的，用來徵定一般事物的概念。從這個觀點着眼，我們就可以看得出來，像在演作幾何時的思考，本來是種純然的概念性思考，繪圖的辦法只是爲我們這些有限的心靈提供一些思考的輔助工具，使我們容易固定我們使用中的概念而已。

第三，心象所繪示的事物，可以是現實存在的事物（當然是具體而個別的事物），也可以是虛構的事物。比如，我們在內心裏可以浮現出人、鳥、花、樹……等現實存在的事物之心象，我們也可以浮現起龍、鳳、麒麟、美人魚……等這類不是現實存在的事物之心象。可是此等在現實世界裏不存在的東西，並不就是些不可能存在的東西。然而，只有那些至少在理論上——或稱爲邏輯上——有存在可能的事物，我們才可望呈現出它的心象來。像三角圓這樣的東西，不但不存在於現實世界裏，它根本不可能存在於任何世界之中，它是種理論上或邏輯上的不存在。像這樣在理論上不可能存在的東西，我們是沒有其心象的。不僅如此，對於那些東西，我們是不可能有心象的。

然而，概念就不是如此。三角圓雖不可能存在，可是我們却可以有三角圓的概念。這點我們已經說過了。

第四，從使用和把握方面看來，概念和心象也有着根本上的不同。我們似乎可以單獨「觀看」一個心象，個別獨立地把握它，而不必牽涉到其他的心象。概念的把握却是系統性的。沒有人可以只把握一個概念而不牽涉到對於其他概念的把握。對於某一個概念的分析和釐清已經牽涉到別的其他概念的把握與應用，更不必談概念的比較與關聯了。

這時接着就有一個有趣而重要的問題發生：如果概念的把握是系統性的，而不是個別性的，那麼我們豈非不能說某概念是某人所精確把握的第一個概念？因為他要精確把握某一個概念，必須同時已精確把握其他某些概念了。對於這個問題，答案是：我們的確不能。我們的理解是由簡至繁，由淺入深，由粗略到精密的。我們在理解時所牽涉到的概念也不是若不精確把握就是全無把握兩種對比狀態的。我們往往起初頗為粗略地把握了一系統的概念，然後在不斷的考察研究之中逐步將整個系統的概念精確化。也因為這樣我們對事物的所有理解是有精粗的等級的，我們對他人的瞭解——尤其是思想上的——也是一樣。關於這點我們將另文闡釋，而不在此多談。

概念與心象還有許多不同，比如：

第五，當我們發覺心中擁有的概念不够清晰精確時，我們往往可以對該一概念加以分析與釐清（當然是藉助其他概念為之），使它更清晰更精確。可是當我們發覺內心的心象不够清晰準確的時候，我們往往愈反省該心象反而愈模糊。這也表示當我們訴諸圖像性的觀想，發覺所想的不够明確時，我們往往不能再訴諸更深一層的圖像式觀想，而得改用概念式的思考。也因為這個理由，一個通常是模糊的心象必須化成可以精確化的概念，這才有助於我們的認知和判斷，有助於我們的理解。

## 5 圖像式的觀想

有時我們想東西的時候，部份是藉着心象進行的；更有時候，我們的內心幾乎只充滿心象。比方，我們憶想機場送別友人的情景，這是一種心靈活動，它是思想的一種形式；可是我們在做這樣的追憶時，有時候可以不起用概念——比如，機場的概念、故友的個體概念、揮手道別的概念等；而只讓思緒迴盪在浮現心中的影像之間。例如，當我們在那樣追想的時候，只是心中浮現起一幕幕機場送別情景，襯托在一襲襲感懷追念的情愫之中，而不一定要想到那是機場情景，那是送別鏡頭（後者已經牽涉到概念的應用了）。這類的情景有時清晰，有時模糊，有的細節畢露，有的粗枝大葉。然而，我們一般所謂的追想回憶、幻想、白日夢等等，往往絕大部份只是這樣的心影連續或形象交疊而已。想像在許多場合也是個明顯的例子。當我們在描構童話故事前的構思，或者當我們聽人家講童話時的想像，幾乎全部都離不開心象的羅列組織，交錯與安排：漁夫巧遇美人魚的情景，聖誕老人背着禮物包由煙囱爬進來的景象，或者嫦娥奔月的飛影……，這些往往是一幅幅的畫面，甚於一個個的命題。其他諸如小說情節的構思，詩章意境的幻想，烏托邦的構劃，明日世界的寄想，都常常（雖然不一定完全）依賴形影，動用心象。

不僅如此，就是在比較抽象的思想裏，在概念性的思考之中，我們也常常訴諸心象做爲輔助手段，使我們的思想方便進行。證明幾何題目時，使用圖形的輔助就是一個很典型的例子。事實上語文化，符號化本身就是一種設法將概念形象化的手段，使原先只可思不可見的概念，變成可視見的形象[13]。這點在討論理解領會的時候是值得注意的一個項目。符號系統不只是用來把私有的概念加以公開化，它也把概念加以一定形式的圖像化與心象化。概念的心象化是值得注意的心靈哲學的問題。

不只在數學裏或邏輯裏我們常以符號系統或圖示方式將概念形象化，就是在物理、化學等自然科學裏，我們也不斷以人為的形象與構圖，來繪示一些一般說來不可察見的項目，目的在於建立理解，使思考容易進行，使所思的對象顯得容易把握，容易辨認。「模型」在理解上所扮演的重要角色，很清楚地說明這一點。

可是嚴格說來，除非我們的心靈活動不牽涉到判斷，否則只是訴諸內在的形影或心象是無濟於事的[14]。我們甚至可以追問：不牽涉到判斷的心靈活動算不算是思想。這也是我們為什麼不說「圖像式的思考」而說「圖像式的觀想」的原因之一。

為了說明純然圖像或純粹心象不足以構成判斷性的思想，讓我們先舉一個比較淺明的比喻。

假定我們獨自觀賞一次絢麗絕美的黃昏，夕陽斜照的美景感撼着我們的心靈。這時我們若想要將這次美妙的經驗讓沒有身歷其境的朋友共賞分享，至少有兩類在根本上極為不同的辦法。第一種辦法是為我們的朋友寄去一幀此次夕陽奇景的照像或繪畫，讓他自己領略其中的景象。第二種辦法是為他做一回該次夕陽景象的描述，使我們的朋友因瞭解我們的描述，進而領略我們那一次的黃昏的經驗。

這裏牽涉到兩種同樣可以用來做心意交流，但却具有極不相同的性質，因此經常產生極不相同的效果的項目：一是圖像，另一個是描述。

圖像（照像、繪畫、圖解等）直接引起的是我們的心象，它不直接與概念關聯起來。相反地，描述是在某一語意系統中為之，它直接與概念掛鈎；因為一個描述是離不開判斷的，所有的描述都不可能是先於判斷的項目。一幅圖像本身並沒有做任何斷言，因此它沒有直接提供我們任何的判斷。一幅夕陽斜照的畫面本身並沒有告訴我們晚霞夕照的顏色（雖然那畫面本身可能是有顏色的），它沒有告訴我們迴光反照下的村屋的結構（雖然那村屋是有一特定的結構的），它更沒有告訴我們正在西天緩慢沉消的，是個直徑多大，距離地球多遠的天體（雖然那天體有一定的直徑，它與地球有一定的距離）。一幅圖像本身是啞口無言的，它沒有做任何的判斷。因此，對於同一幅畫，不同的人（甚至同一個人在不同的時間）可以做出不同的描述；類似的，根據同一段描述，不同的人可以鈎畫出不同的形象來；因為圖像並沒有直接與概念——因此沒有進一步與判斷——掛鈎的緣故。

心象正好比圖像一樣，是啞口無語的。所以，我們的思想如果全憑心象的交疊呈現來進行，而不借助概念的參與，這樣的思想本身是與判斷無緣的。它也許可以提供我們概念化的資料，但是由於它本身是未經概念化的，因此它對什麼都無所斷說。這就是為什麼我們在前文裏，把全憑心象交織進行的思想稱爲「圖像式的觀想」的緣故。事實上把這種心靈活動稱爲「思想」或許業已過份，不過我們在此文中姑且仍然順從平常的語言習慣。

心象本身雖然是沒有道說，不做判斷的，但是我們可以藉着一套意義系統，解釋心象，使心象的內容產生道說判斷的功能。這樣加以解釋過的心象，當然不再是「純然心象」。如果我們一定要有名稱呼之，也許可以名之爲「概念化了的心象」。一般說來，當我們藉着心象來表現判斷時，我們不只在心靈裏使用（動用）心象。我們必須對心象有過一層反察自覺的功夫，我們必須提涉心象（而不只使用心象），這時心象的內容才有了概念的解釋，原來啞口無言的東西才開始發揮道說的功能。

比如，以范氏圖解來判斷一個三段論是否對確，或者以眞值表來判定一個語式是否爲一眞函恆眞式（tautology）時，情形正是如此。范氏圖和眞值表本身是沒做任何斷說的，可是在一套解釋之下，它們可以用來判定某些邏輯性質的存在與否，或者邏輯關係的成立與否。心象的情形也類似。當我們走進花園時，一堆鮮艷燦爛的色彩迎面呈現在我們的眼前，這時我們內心裏有了一幅鮮美的印象。這樣的感受可以是「先於判斷的」，這是純然心象的浮現。它不一定得經過概念的滲入。可是等我們定神觀看，細心思想，甚至在內心裏暗中忖度：「這些杜鵑花今年開得特別紅」的時候，我們已經動用了像「杜鵑花」，「開（花）」，「紅（色）」等概念了。這時我們所擁有的心象，已不再是純然心象，它的內容已經是些概念化的東西了。這樣概念化了的心象是能爲我們提供消息，幫做判斷的。

## 6 繪示與徵定—事物心象與模型心象

在實際思想的過程中，我們往往把概念性的思考和圖像式的觀想交結並用。這時所牽涉到的心象往往不再是純然的心象，而是含有了概念成素的心象。尤其是我們思想的過程往往不像寫文章似的，講究結構、組織和表達的完整。我們的思想往往是片段性的，跳躍性的，括約性的和統觀性的。這時心象——尤其是孕發着概念的心象——常常在思想的過程中扮演着不可或缺的角色。

爲了區別概念與心象分別在我們認知活動裏所擔負的功能，首先讓我們定立下列界說：

假若x是某一事物a的心象，那麼我們說x「繪示」(depict)着a；假若x是某一項目a的概念，那麼我們說x徵定(characterize)着a[15]。

繪示和徵定是很不相似的關係。但是爲了說明這一點，首先我們要將心象(或一般圖像)分爲兩類。如果一個心象所繪示的是本然狀態下的某一事物，則我們說此一心象是個「自然心象」或「事物心象」。反之，如果一個心象所繪示的是某類事物同一層面的抽離，或某種結構組織上的關係之抽離，那樣的心象我們稱之爲「人爲心象」或「模型心象」。

比如，當我們觀看一叢杜鵑花的時候，呈現在我們內心裏的杜鵑花的形象就是個自然心象或事物心象；同樣的，當我們幻想着美人魚的時候，呈現在我們內心裏的美人魚的形象也是自然心象；因爲這樣的心象所繪示的，是事物（如杜鵑花、美人魚）的本來模樣，這樣的本然模樣不是人爲抽象的結果。反之，我們所繪寫的化學裏的分子結構圖，或者物理上的原子結構圖，或者一般所謂的范氏圖所表現兩個集之間的關係圖示，甚至建築師之設計藍圖，機械構造示意圖等等，由這類圖像所獲取的心象，就是一種人爲心象或模型心象；因爲這時這些心象所繪示的，不是事物的本然模樣，而是我們對於事物、事件、性質、關係等加以抽離出來的示意設計。

很顯然地，這樣的人爲心象或模型心象與上述的事物心象或自然心象有着很大的差異。自然心象繪示着個別的事物，可是模型心象則否。(至少它不在同一層意義下，繪示着個別的事物。)模型心象所繪示的是我們所分析和抽離出來的項目；而當我們做分析和抽離的活動時，我們是藉着概念進行的。因此，模型心象一定與一套概念的解釋分不開的⑯。

模型的構作在人類追求知識的過程中，特別是在建立對理論的瞭解時，扮演着很重要的角色；因此模型心象在我們認知活動裏，佔着很重要的地位。我們往往將不可直接察見的項目，甚至將一些抽象——因而不只是不是直接可察見，而是理論上必定不可察見——的項目，加以製模，加以形象化。這樣做一方面可以將討論的對象變得容易把握，容易陳示，把原先不可視見的，轉成可視見的；原先是抽象的，轉成是具體的。可是更重要的是，由於一個模型或模型心象不再只是繪示着個別的事物，通過它我們可以研討事物、事件、或事態的一般性和普遍性。這就是模型與模型心象爲什麼在科學的理論裏佔有地位的緣故。

由於模型(與模型心象)本身是個重大的問題，因此我們暫時在此擱置下來，留待另文討論。以下我們所說的心象，除了特別說明不是而外，全指自然心象而言。

現在我們可以比較概括性地敍說概念與心象在我們慣常的思想中，所具有的不同功能。也可以說，我們要考察繪示和徵定兩者，分別在我們思想過程中所發揮的不同作用。

首先讓我們指出，當我們學習指認事物或事件時，絕大多數是通過心象的繪示，而不是通過概念的徵定。比如，我們學知某一件家具是張桌子時，通常不是根據標定桌子的標準，而是依據描繪桌子的模樣。也就是說，當我們指認事物時，我們所憑藉的往往是心象的繪示而不是概念的徵定。這種情形，不只是對於現實存在的事物之指認是如此，就是對於假設性的事物之指認也是一樣。比如，那一個東西是美人魚，那一個是龍，那一個是獨角獸，那一個是飛馬……等等。不僅如此，只是通過概念的徵定，我們往往無從認出那一件事物正是某一個概念所徵定下的事物。也就是因爲這個緣故，我們往往讀了一大堆的生物學，可是不一定指認得出自己窗下的小草花是什麼花。

這一現象背後所涵藏的道理很簡單。當我們以一個概念來徵定某些事物時，我們對於該一概念的理解，是通過該等事物的界定性徵(defining characteristics)之認識而明顯化和精確化。因此，所謂對於某一概念加以澄清，這時指的就是對於該一概念所要徵定之事物的界定性徵的固定。簡單地說，這時一個概念所意指的就是該一概念所徵定下的事物的界定性徵。事實上，概念就是通過這樣的界定性徵來徵定事物的。然而，這樣的界定性徵不一定是些直接可以引起我們心象的屬性，而上面已經說過，我們却往往以心象的繪示做爲指認事物的依據。

心象的使用就大爲不同。當我們以一個心象描繪某一事物的時候，我們所把握的是該一被繪示的事物之模樣。因此某一心象的內容，就是該心象所繪示的事物的某些（經常不可能是全部）可經驗的形象。平常我們多通過形象來指認事物，直到我們發覺一些事物的慣常指認方式發生問題，或者這種方式導致幾種事物之混淆，那時我們才開始訴諸概念，考察該概念所意指的界定性徵，依此來對已經出現的困擾加以解除，或對已經形成的混淆加以澄清。如果一開始我們就從概念出發，考察概念所意指的性徵，我們往往只能停留在概念與概念之間的聯結，而不容易將概念所意指的內容和我們感覺經驗的內容配合起來，形成我們對事物的指認。這是因爲任何一集事物的界定性徵雖然一定是該集事物的本質性徵（essential characteristics），但是一集事物的界定性徵不一定就是該集事物最顯而易見的可感性質，有時甚至根本不是些可感覺的性質。比如，人的界定性徵是「理性的動物」（因此「人」這個概念所意指的是「理性的動物」這一複雜的性質），可是像「理性的」這類的性質却不是感官可直接察覺之性質。不僅如此，一般我們以感覺經驗去指認人的時候，我們通常並不是以理性的動物這個標準爲依據，而是看看那是不是個直立，有一頭兩眼，雙耳單鼻，兩手兩足，無毛有髮……的動物。人在這方面的慣常可感的性質與人的界定性徵之間，最多只有經驗上的適然關聯，而沒有邏輯上的必然關係，可是那些性質却是我們所擁有的人的心象之主要依據。從這個角度看，我們就不難獲悉一般概念與心象在我們思考與認知之中，所扮演的極不相同而又各自有用的角色。

## 7 判斷性的思考

我們在前面說過，我們平時的許多思想往往是片段性的，跳躍性的，括約性的和統觀性的。也可以說，那樣的思想常常不是層次分明，條理井然，更談不上結構清楚，理路嚴密。這個現象至少由兩個主要的原因造成。第一，我們平時心中擁有的概念往往不是很清楚很精確的，於是利用這些不準確的概念所做的思想，往往只能達到模糊的認定，而無法獲得明確的判斷。第二，對於許多事物我們不但沒有準確清楚的概念，有時我們甚至幾乎沒有概念，我們所擁有的經常只是一些模糊的心象。我們已經說過，心象並不自動為我們道出判斷；因此，如果在我們思想的過程中，我們賴以思想的心靈媒介忽而概念，忽而心象，兩者交錯並用，在這種情形下我們也就容易想像出思想所呈現出來的片段性，跳躍性，括約性和統觀性等等的特色。

在不必認眞講究思想的有效性的場合，上述的不完整，不準確的思想方式，也許已經可以滿足我們的一般要求。比如，當我們只是在構想一個烏托邦式的遠景時，或者只是在冥想一篇文章的大綱時，甚至是在思想一個證明的概略步驟和大體方向時；我們往往不必過分追究每一個牽涉到的概念之準確性，我們甚至可以利用圖象代替明文的判斷；因為這時比較重要的是在內心裏建立一種思想的大略通路，令自己意識到一種可能性和可行性的存在。在這樣的場合裏，有時過分地講究嚴密的細節，正好反而妨礙思想的快速飛躍和全盤貫通。可是這樣的思想方式只是一種佈局，只是一種初探，只是一種素描；那不是一種解決問題的方式。凡是堪稱爲對於一個問題提供解答的思想，一定得牽涉到完整的判斷，一定牽涉到某些判斷與另外的判斷之間的系統關聯。簡單地說，問題的解答一定牽涉到推理，而推理是種講求步驟的思考活動，它的每一步驟都是由判斷所構成的；而我們已經三番五次說過，一個判斷是依賴概念之組織成事的，那樣的思考是一種概念性的思考。

所以，如果我們思想的目的在於解決問題，那麼我們必須訴諸以判斷爲構成步驟的思考。爲了强調起見，我們可以簡稱它爲「判斷性的思考」。

當然，判斷性的思考也有精細嚴格與鬆散粗糙之別。一般言之，判斷性的思考的精確性與嚴格性是受下列兩大因素所決定：第一，該一思考所牽涉到的概念之精確性——諸概念之系統精確性；第二，構成該一思考的判斷之結構形式。這兩者常常互相作用，但是由於重點不同，卻可分開討論。

## 8 精確性：概念的精確性和計量的精確性

我們平時談論精確性，或者要求精確性的時候，「精確性」一詞往往有兩種不同的涵義。也就是說，我們可以區別兩種不同的精確性。第一種精確性我們要稱之爲「計量的精確性」。它指的是我們在數量上辨別區分的細微程度。比如，我們使用普通的腕錶計時，不容易計量出十分之一秒的短暫差異，可是當我們使用電子鐘計時的時候，我們却可以輕而易擧地計量出百分之一秒的誤差。因此，使用後者計時比利用前者計時，具有更高度的計量上之精確性。類似的，有時我們可以有幾個不同的方法或公式，用以計算同一個項目。其中由某些公式計算所得的結果，只是一個近似值，可是由另外某些公式計算所得的結果，却具有遠較高度的精確程度。這也是計量上的精確性的例子。不過，比起前一個例子來，現在這個例子更明顯地牽連到下文所要討論的另一種精確性。擧個實例來說：依照古典的物理學，在理想情狀下，一艘順流而下的輪船，其實際速度是船速與水速的簡單和。比如$V_1$是船速，$V_2$是水速，則輪船之實際綜合速度V爲：

$$V = V_1 + V_2 \quad\cdots\cdots(1)$$

可是依據現代的物理學，輪船的實際速度不應只是這樣的簡單和。計算輪船綜合速度的公式理應是：

$$V = \frac{V_1 + V_2}{1 + \frac{V_1 V_2}{C^2}} \quad\cdots\cdots(2)$$

式中C是光速。因此當船速爲每小時20哩，水速爲每小時10哩時，依據公式(1)的計算，則船之綜合速度為每小時30哩，可是根據公式⑵的計算，它是29.9999999999866哩。這時我們馬上遭遇幾個問題：第一，如果我們要比較由⑴和由⑵所計算出來的結果，到底那一個是眞的，這時（仍然假定着理想情況）我們就必須有辦法計量出比一億分之一哩更小的精密程度。這顯然牽涉到上述計量上的精確性。第二，如果我們認為（至少平時我們都這麼假定）理應有個眞實的船速，那麼⑴和⑵兩者之中，不可能同時為眞（可能兩個都假），最多我們只能說，其中那一個公式可以計算得出較為精確，較為近似的值。這也牽涉到計量上的事。可是這仍然不是問題的全部。第三，上述的⑴和⑵分別是從古典物理學和現代物理學的理論推衍出來的，它們分別有着「理論的根據」。這裏所牽連到的，不只是計量出來的數值而已，而是依據某某理論，我們對船的「綜合速度」這一概念作如何瞭解的問題。在⑴裏，船的綜合速度只涉及其本身之速度和水速；可是在⑵裏，它連帶地涉及光速。顯然這已超乎計量問題之外了。

由於計量的精密性必須假定着計量法與計量術，而計量法與計量術之背後又含藏着理論的依據[17]；因此即使是計量上的精確性也不是全與理論無緣的。不過這種與理論的關聯的緊密程度，却因不同的計量法與計量術而有所不同。計量的精確性是我們經常在追求的目標，它常常是導致科學發展的先決條件[18]。

另外有一種精確性，也是我們時時在追求而不能放棄的，我們可以名之為「概念的精確性」。這種精確性指的是我們所使用的概念沒有含糊不清，不模稜兩可；它反應出我們心靈一種抽象的把握能力。當我們把握着精確的概念時，該概念所意指的性徵才不致於飄移不定；當我們把該概念與其他概念聯結比較時，我們所可望得出的區別與斷言才清楚明確。同樣的，當我們把握了精確的概念之後，我們所作牽涉到該概念的判斷，才有明確的認知內容。

當然，我們所說的概念上的精確性，也是有等級的差別的。我們可以有比較高度或比較低度的概念上的精確性。這一點從知識論的觀點來看，是極爲值得注意和值得强調的；因爲正像在計量的場合，談論「絕對」精確性之沒有意義一樣；概念上的「絕對」精確性所指的，也沒有多少實在的內容。這是因爲概念上的精確並不是依照某一種事先定下的尺度來衡量，它是在概念與概念之間的比較區分和相應對照之下建立起來的。也是因爲這個緣故，我們往往只能考察一組概念的系統精確性，而不容易捉摸單獨概念的個別精確性。

概念的精確性是我們思想的有效性和思考的嚴密性的一個主要關鍵。它是我們討論方法論和眞理論時不可忽略的題目。

## 9 概念的精確性和心象的鮮明性

現在讓我們討論一個常易被人拿來和概念的精確性混淆在一起的項目，那就是「心象的鮮明性」。

我們在前面的討論裏，已經明白地將心象與概念區別分開；因此，當我們討論概念的精確性時，理應不會將它和心象的鮮明性混淆在一起。可是由於這一區別在哲學上以及一般方法論上，並沒有得到普遍的注意，因此在哲學史上以及一般思想史上，兩者的混淆屢見不鮮。所以我們還要在此特地强調這一區分。在下一節裏，我們還要接着討論由於這一區分，我們可以進一步獲取的一些重要認識。

我們常常使用「觀念」一詞，籠統含糊而不加區分地指謂着我們心靈中，用來徵定事物或用來繪示事物的項目。因此，當我們說某人的觀念清楚的時候，我們所指的不知到底是該人擁有精確的概念，或者該人懷有鮮明的心象。

停留在我們內心裏的心象，有鮮明清晰，也有模糊暗晦，這是我們都曾經驗過的事。對於我們眼前正在發生的事件或存在那兒的事物，我們容易擁有極鮮明的印象，對於經常見面或者剛剛見面的人，我們也往往易於勾起頗爲清晰的心影。可是對於多年不見的故人或者離去已久的地方，我們往往費神追想，也只能得出一個模糊不清的影像。這些是我們對於所經驗過的事物產生的心象。可是我們在前面業已說過，對於我們所沒有經驗過的事物——比如對那些根本不存在的事物——我們也可能有心象產生。這樣產生的心象，雖然並不是完全沒有經驗的基礎，但却不是直接由眼前卽刻的經驗感受，或對於曾經經驗過的事物之記憶（包括短程記憶）而得來[19]。這類心象往往比較沒有清楚的輪廓和明晰的內容。也因此我們可以瞭解爲什麼對於那些虛構的事物和對於那些幻想的事態，人們往往有着極不相同的瞭解與解釋，因爲他們常常沒有一些確定而明晰的心象做爲瞭解的基礎。

談及心象的明晰性，我們不得不注意心象的另一個特性。當我們發覺內存我們心中的心象模糊暗晦不够明晰的時候，我們往往不能只以認眞追思的辦法使它變得較爲清楚明晰。有時我們甚至對心象愈思愈想反而把它弄得愈模糊。因爲這個緣故，純粹圖像式的觀想不能用來做爲討論問題的媒介。我們必須轉而訴諸概念性的思考。

## 10 不可想像與不可思議

現在我們要接着追問一個頗爲有趣，而且從理論的觀點看具有重要性的問題。這就是關於可想像性的問題⑳。我們常常聽人家說，某某事物（或事態）是可想像的（imaginable），另外某某事物（或事態）是不可想像的。這些到底是什麼意思呢？進一步說，我們可以發問底下這些問題：

第一，什麼是可想像性？

第二，什麼東西是不可想像的？

第三，不可想像與不可思議（inconceivable）是否相同？

如果我們以上所說不錯，那麼我們似乎不能將某事物的可想像性，等同爲對該事物之概念的建構之可能性；因爲我們業已說過，我們可以擁有不可能存在的事物的概念。比如，我們可以有三角圓的概念，雖然我們不能浮現出三角圓的心象。可是我們大概要說三角圓是不可想像的。同樣地，在論及事態（而不只是事物）的場合也是一樣。「以己之矛攻己之盾」的情境（矛盾而邏輯上不可能的事態）是不可想像的，但這是意味着我們無法在概念上構想這種情境嗎？它是意味着我們不可能擁有徵定這種事態的概念嗎？答案似乎是否定的；因爲如果我們不能在概念上構想這種情境，如果我們不能擁有這種事態的概念，那麼我們似乎就不瞭解表達這些概念的字辭；可是我們的確明白這些字辭的意義，因爲我們明白該概念所意指的界定性徵（參見⑦）。

假定上述的理由不錯，我們是否跟着只好說X的可想像性就是繪示X的心象之浮現可能性呢？如果是的話，那麼我們可以馬上接着發問：可是心象的浮現本來是屬於個人心靈裏的私有經歷，我們難道要訴諸個人私有的心靈狀態或心靈活動來界定事物或事態之可想像性和可能性嗎？我們要訴諸那一個人的這種心靈經驗呢？爲了避免這個私有性的困境，我們是否接着得設定一個「理想心靈」，甚至設定一個「超越心靈」呢？

這個問題當然不可等閒視之，因爲我們一般所談論的邏輯可能性，追本窮源終會與可想像性發生關聯的。事實上我們經常聽人家說，某某事態是邏輯上的不可能，因爲它之成立（或實現）是不可想像的。難道邏輯的可能性是依據心象來證立的嗎？

有時我們不是以可想像性來標示邏輯可能性，而是以可思議性（或可構想性）爲之。如果「可思議」只是「可想像」的別名，兩者同義，那麼上述的問題仍在。假定兩者不是同義別名，那麼可思議性是什麼呢？它是概念成立之可能性嗎？可是我們已經在上面指出這一解釋之無濟於事了！

一九七六年十月六日

❶ 在本文的討論裏，我們暫不考慮一般在哲學上所謂的「生來觀念」(innate idea) 與「先驗概念」(*a priori* concept) 之可能性與現實性。然而人有生來觀念是一事，人之把握生來觀念卻完全是另一事。因此我們採用「浮現」這樣的籠統字詞；也因此「構作性」一詞並不意味着創造性。

❷ 決定該種意義論是否可接受的其他因素包括：①字義或詞義與句義是否同質；若是，則②一個語句之句義是否爲構成此句之字詞之字義的函數；若否，則③句義是否比字義更基本更重要。甚至④追問意義是否只能在句義層次上爲之。由於篇幅所限，有關意義論之問題將另文討論。

❸ 這些心靈狀態就是一般我們所說的「心情」。本來心情是內在的，私有的，但是我們却往往可以將它「形諸於色」表現出來。可是這時心靈狀態和它的外在表現仍然是兩回事，否則就不會有「強說愁」和「故做傷心狀」等事了。

❹ 單一概念的孤立瞭解是沒有依據的，任何一個概念的瞭解都牽涉到其他概念的瞭解。概念的瞭解是系統性的，而不是單元性的。

❺ 比如我們要確立1＋1＝2是個眞理時，我們並不訴諸像數手指這樣的經驗考察；而是將它建立在我們對於「數」、「加」和「等於」這些概念的分析之上的。要確立世界上沒有未婚寡婦之爲眞，所使用的方然亦然。

❻ 「觀念」和「意念」等字眼不只是歧義的，而且也是籠統含糊的。它們有時指的不是概念或心象，而是思想，觀點（比如「正確的觀念」），甚至體系（比如「價值觀念」）等等。

❼ 我們心中當然可以形成「三角圓」這概念。如果我們沒有「三角圓」這概念，則我們也就不瞭解「三

角圓」這語詞的意義是什麼，因此我們不是沒有「三角圓」這概念。這情形正好比如果我們沒有「偶素數」這概念，我們也就不瞭解「偶素數」這語詞一樣。而我們瞭解後者，因此我們具有前者。

⑧ 有時我們用某種形象來代表某種原不可視見的性質，比如使用某種臉部表情代表憂鬱。因此，我們雖然不可能有憂鬱的心象，但却可以有代表憂鬱之臉部表情的心象。我們現在所談論的，不是這種心象（我們可稱之爲「代表心象」）。

⑨ 是原則上可道說的，不一定可以使用我們現成的語言加以敍說出來。然而，我們却可以對我們現成的語言加以擴充與增補，以獲取更大的表達力量。

⑩ 反之不必然。並不是凡是可概念化的項目，都是可經驗的項目。也就是說，並不是我們可以形成某一項目的概念，則該項目就是可經驗到的。比如三角圓就是一個很明顯的例子。

⑪ 這裏所謂人的共通性指的是人所共有而且又是人所特有的性質，亦即人的「本質性徵」。參見何秀煌：「記號學導論」，臺北文星書店出版，一九六五年；頁一二五至一二八。但在本文裏我們要做一個較精細的區別。參見第六節之討論。

⑫ 至於這樣的具有自己獨特性的三角形是否爲一「特殊三角形」就得看「特殊三角形」的界說而定。

⑬ 概念可以「形像化」，因此接着可以「心象化」。符號系統常常是我們用來將概念心象化的一個有用工具。可是，值得一提的是，同一組概念可以藉着不同的符號系統，加以很不同的心象化。這種符號法的不同，有時只是膚淺外表的，可是有時却引出基本重要的區別。比如符號邏輯中的一般記號法與波蘭記號法，表面上看來好像只是寫法上的不同，但是細察之下，兩者之間却有基本重要的差異，包括理解上的簡單性（比如要決定某一語式的主連詞是那一個），可表達性（比如「p.q.r」這一語式的歧義性，在波蘭記號法裏，就無從表達出來）等等。

⑭ 像知、信、斷言、否定等等都牽涉到判斷，牽涉到判斷的，一定不能不借助概念。平時我們說「看」

的時候，至少有兩層不同的意義。一是「判斷之前」(pre-judgmental) 的看，一是已加進判斷的看。這兩個層面的看雖不一定可以分開，但卻應該加以區別，否則容易帶來許多不必要的混淆。當我們說：「我看到一隻松鼠」時，已經表示那是有了判斷的看了。

⑮ 被某一概念所徵定的項目可以是事物，可以是事態或事件，可以是性質，可以是關係。

⑯ 某一項目是否為一模型，那是要看我們的解釋而定的。因此一個原子結構示意圖，對於一個知曉物理的人，是個模型，他看了可望浮現出一幅模型心象；可是對於一個什麼是原子也未曾聽過的人，該示意圖可能只是線條的組織結構，談不上是什麼模型。他看了可能只浮現出一幅自然心象。

⑰ 例如一般的顯微鏡假定着光學的理論與操作；電子顯微鏡假定着原子論的理論與實際。

⑱ 比如在一八七〇年與一九〇〇年之間，安格斯特倫 (A.J. Ångström) 等人設法對諸元素之波譜的計量，不斷改善其精確程度，終於導致光譜學的進展，對現代物理產生鉅大的貢獻，就是一個明顯的例子。

⑲ 至於這樣的心象，有多少經驗的成分，那要看個別的情況而定。

⑳ 因此也間接追問，「想像」到底是什麼的問題。比如它是一種圖像式的觀想呢？還是一種概念性的思考？或者兩者之溶合？

| | |
|---|---|
| 當代西方哲學與方法論 | 臺大哲學系主編 |
| 人性尊嚴的存在背景 | 項退結編著 |
| 理解的命運 | 殷鼎著 |
| 馬克斯・謝勒三論 | 阿弗德・休慈原著、江日新譯 |
| 懷海德哲學 | 楊士毅著 |
| 洛克悟性哲學 | 蔡信安著 |
| 伽利略・波柏・科學說明 | 林正弘著 |
| **宗教類** | |
| 天人之際 | 李杏邨著 |
| 佛學研究 | 周中一著 |
| 佛學思想新論 | 楊惠南著 |
| 現代佛學原理 | 鄭金德著 |
| 絕對與圓融——佛教思想論集 | 霍韜晦著 |
| 佛學研究指南 | 關世謙譯 |
| 當代學人談佛教 | 楊惠南編著 |
| 從傳統到現代——佛教倫理與現代社會 | 傅偉勳主編 |
| 簡明佛學概論 | 于凌波著 |
| 圓滿生命的實現（布施波羅密） | 陳柏達著 |
| 薝蔔林・外集 | 陳慧劍著 |
| 維摩詰經今譯 | 陳慧劍譯註 |
| 龍樹與中觀哲學 | 楊惠南著 |
| 公案禪語 | 吳怡著 |
| 禪學講話 | 芝峯法師譯 |
| 禪骨詩心集 | 巴壺天著 |
| 中國禪宗史 | 關世謙著 |
| 魏晉南北朝時期的道教 | 湯一介著 |
| **社會科學類** | |
| 憲法論叢 | 鄭彥棻著 |
| 憲法論衡 | 荊知仁著 |
| 國家論 | 薩孟武譯 |
| 中國歷代政治得失 | 錢穆著 |
| 先秦政治思想史 | 梁啟超原著、賈馥茗標點 |
| 當代中國與民主 | 周陽山著 |
| 釣魚政治學 | 鄭赤琰著 |
| 政治與文化 | 吳俊才著 |
| 中國現代軍事史 | 劉馥著、梅寅生譯 |
| 世界局勢與中國文化 | 錢穆著 |

| | |
|---|---|
| 中華文化十二講 | 錢　　穆　著 |
| 民族與文化 | 錢　　穆　著 |
| 楚文化研究 | 文崇一　著 |
| 中國古文化 | 文崇一　著 |
| 社會、文化和知識分子 | 葉啟政　著 |
| 儒學傳統與文化創新 | 黃俊傑　著 |
| 歷史轉捩點上的反思 | 韋政通　著 |
| 中國人的價值觀 | 文崇一　著 |
| 紅樓夢與中國舊家庭 | 薩孟武　著 |
| 社會學與中國研究 | 蔡文輝　著 |
| 比較社會學 | 蔡文輝　著 |
| 我國社會的變遷與發展 | 朱岑樓主編 |
| 三十年來我國人文社會科學之回顧與展望 | 賴澤涵　編 |
| 社會學的滋味 | 蕭新煌　著 |
| 臺灣的社區權力結構 | 文崇一　著 |
| 臺灣居民的休閒生活 | 文崇一　著 |
| 臺灣的工業化與社會變遷 | 文崇一　著 |
| 臺灣社會的變遷與秩序(政治篇)(社會文化篇) | 文崇一　著 |
| 臺灣的社會發展 | 席汝楫　著 |
| 透視大陸 | 政治大學新聞研究所主編 |
| 海峽兩岸社會之比較 | 蔡文輝　著 |
| 印度文化十八篇 | 糜文開　著 |
| 美國的公民教育 | 陳光輝　譯 |
| 美國社會與美國華僑 | 蔡文輝　著 |
| 文化與教育 | 錢　　穆　著 |
| 開放社會的教育 | 葉學志　著 |
| 經營力的時代 | 青野豐作著、白龍芽譯 |
| 大眾傳播的挑戰 | 石永貴　著 |
| 傳播研究補白 | 彭家發　著 |
| 「時代」的經驗 | 汪琪、彭家發　著 |
| 書法心理學 | 高尚仁　著 |

**史地類**

| | |
|---|---|
| 古史地理論叢 | 錢　　穆　著 |
| 歷史與文化論叢 | 錢　　穆　著 |
| 中國史學發微 | 錢　　穆　著 |
| 中國歷史研究法 | 錢　　穆　著 |
| 中國歷史精神 | 錢　　穆　著 |

| | |
|---|---|
| 國史新論 | 錢　穆　著 |
| 秦漢史 | 錢　穆　著 |
| 秦漢史論稿 | 邢義田　著 |
| 與西方史家論中國史學 | 杜維運　著 |
| 中西古代史學比較 | 杜維運　著 |
| 中國人的故事 | 夏雨人　著 |
| 明朝酒文化 | 王春瑜　著 |
| 共產國際與中國革命 | 郭恒鈺　著 |
| 抗日戰史論集 | 劉鳳翰　著 |
| 盧溝橋事變 | 李雲漢　著 |
| 老臺灣 | 陳冠學　著 |
| 臺灣史與臺灣人 | 王曉波　著 |
| 變調的馬賽曲 | 蔡百銓　譯 |
| 黃帝 | 錢　穆　著 |
| 孔子傳 | 錢　穆　著 |
| 唐玄奘三藏傳史彙編 | 釋光中　編 |
| 一顆永不殞落的巨星 | 釋光中　著 |
| 當代佛門人物 | 陳慧劍編著 |
| 弘一大師傳 | 陳慧劍　著 |
| 杜魚庵學佛荒史 | 陳慧劍　著 |
| 蘇曼殊大師新傳 | 劉心皇　著 |
| 近代中國人物漫譚・續集 | 王覺源　著 |
| 魯迅這個人 | 劉心皇　著 |
| 三十年代作家論・續集 | 姜　穆　著 |
| 沈從文傳 | 凌　宇　著 |
| 當代臺灣作家論 | 何　欣　著 |
| 師友風義 | 鄭彥棻　著 |
| 見賢集 | 鄭彥棻　著 |
| 懷聖集 | 鄭彥棻　著 |
| 我是依然苦鬥人 | 毛振翔　著 |
| 八十憶雙親、師友雜憶（合刊） | 錢　穆　著 |
| 新亞遺鐸 | 錢　穆　著 |
| 困勉強狷八十年 | 陶百川　著 |
| 我的創造・倡建與服務 | 陳立夫　著 |
| 我生之旅 | 方　治　著 |
| 語文類 | |
| 中國文字學 | 潘重規　著 |

| | | |
|---|---|---|
| 中國聲韻學 | 潘重規、陳紹棠 | 著 |
| 訓詁通論 | 吳孟復 | 著 |
| 翻譯新語 | 黃文範 | 著 |
| 詩經研讀指導 | 裴普賢 | 著 |
| 陶淵明評論 | 李辰冬 | 著 |
| 鍾嶸詩歌美學 | 羅立乾 | 著 |
| 杜甫作品繫年 | 李辰冬 | 著 |
| 杜詩品評 | 楊慧傑 | 著 |
| 詩中的李白 | 楊慧傑 | 著 |
| 司空圖新論 | 王潤華 | 著 |
| 詩情與幽境——唐代文人的園林生活 | 侯迺慧 | 著 |
| 唐宋詩詞選——詩選之部 | 巴壺天 | 編 |
| 唐宋詩詞選——詞選之部 | 巴壺天 | 編 |
| 四說論叢 | 羅盤 | 著 |
| 紅樓夢與中華文化 | 周汝昌 | 著 |
| 中國文學論叢 | 錢穆 | 著 |
| 品詩吟詩 | 邱燮友 | 著 |
| 談詩錄 | 方祖燊 | 著 |
| 情趣詩話 | 楊光治 | 著 |
| 歌鼓湘靈——楚詩詞藝術欣賞 | 李元洛 | 著 |
| 中國文學鑑賞舉隅 | 黃慶萱、許家鶯 | 著 |
| 中國文學縱橫論 | 黃維樑 | 著 |
| 蘇忍尼辛選集 | 劉安雲 | 譯 |
| 1984 | GEORGE ORWELL原著、劉紹銘 | 譯 |
| 文學原理 | 趙滋蕃 | 著 |
| 文學欣賞的靈魂 | 劉述先 | 著 |
| 小說創作論 | 羅盤 | 著 |
| 借鏡與類比 | 何冠驥 | 著 |
| 鏡花水月 | 陳國球 | 著 |
| 文學因緣 | 鄭樹森 | 著 |
| 中西文學關係研究 | 王潤華 | 著 |
| 從比較神話到文學 | 古添洪、陳慧樺 | 主編 |
| 神話即文學 | 陳炳良等 | 譯 |
| 現代散文新風貌 | 楊昌年 | 著 |
| 現代散文欣賞 | 鄭明娳 | 著 |
| 世界短篇文學名著欣賞 | 蕭傳文 | 著 |
| 細讀現代小說 | 張素貞 | 著 |

| | |
|---|---|
| 現代詩學 | 蕭　蕭 著 |
| 詩美學 | 李元洛 著 |
| 詩學析論 | 張春榮 著 |
| 橫看成嶺側成峯 | 文曉村 著 |
| 大陸文藝論衡 | 周玉山 著 |
| 大陸當代文學掃瞄 | 葉穉英 著 |
| 走出傷痕——大陸新時期小說探論 | 張子樟 著 |
| 兒童文學 | 葉詠琍 著 |
| 兒童成長與文學 | 葉詠琍 著 |
| 增訂江皋集 | 吳俊升 著 |
| 野草詞總集 | 韋瀚章 著 |
| 李韶歌詞集 | 李　韶 著 |
| 石頭的研究 | 戴　天 著 |
| 留不住的航渡 | 葉維廉 著 |
| 三十年詩 | 葉維廉 著 |
| 讀書與生活 | 琦　君 著 |
| 城市筆記 | 也　斯 著 |
| 歐羅巴的蘆笛 | 葉維廉 著 |
| 一個中國的海 | 葉維廉 著 |
| 尋索：藝術與人生 | 葉維廉 著 |
| 山外有山 | 李英豪 著 |
| 葫蘆・再見 | 鄭明娳 著 |
| 一縷新綠 | 柴　扉 著 |
| 吳煦斌小說集 | 吳煦斌 著 |
| 日本歷史之旅 | 李希聖 著 |
| 鼓瑟集 | 幼　柏 著 |
| 耕心散文集 | 耕　心 著 |
| 女兵自傳 | 謝冰瑩 著 |
| 抗戰日記 | 謝冰瑩 著 |
| 給青年朋友的信(上)(下) | 謝冰瑩 著 |
| 冰瑩書柬 | 謝冰瑩 著 |
| 我在日本 | 謝冰瑩 著 |
| 人生小語(一)～(四) | 何秀煌 著 |
| 記憶裏有一個小窗 | 何秀煌 著 |
| 文學之旅 | 蕭傳文 著 |
| 文學邊緣 | 周玉山 著 |
| 種子落地 | 葉海煙 著 |

| | |
|---|---|
| 向未來交卷 | 葉海煙 著 |
| 不拿耳朵當眼睛 | 王讚源 著 |
| 古厝懷思 | 張文貫 著 |
| 關心茶——中國哲學的心 | 吳怡 著 |
| 放眼天下 | 陳新雄 著 |
| 生活健康 | 卜鍾元 著 |
| 美術類 | |
| 樂圃長春 | 黃友棣 著 |
| 樂苑春回 | 黃友棣 著 |
| 樂風泱泱 | 黃友棣 著 |
| 談音論樂 | 林聲翕 著 |
| 戲劇編寫法 | 方寸 著 |
| 戲劇藝術之發展及其原理 | 趙如琳譯著 |
| 與當代藝術家的對話 | 葉維廉 著 |
| 藝術的興味 | 吳道文 著 |
| 根源之美 | 莊申 著 |
| 中國扇史 | 莊申 著 |
| 立體造型基本設計 | 張長傑 著 |
| 工藝材料 | 李鈞棫 著 |
| 裝飾工藝 | 張長傑 著 |
| 人體工學與安全 | 劉其偉 著 |
| 現代工藝概論 | 張長傑 著 |
| 色彩基礎 | 何耀宗 著 |
| 都市計畫概論 | 王紀鯤 著 |
| 建築基本畫 | 陳榮美、楊麗黛 著 |
| 建築鋼屋架結構設計 | 王萬雄 著 |
| 室內環境設計 | 李琬琬 著 |
| 雕塑技法 | 何恆雄 著 |
| 生命的倒影 | 侯淑姿 著 |
| 文物之美——與專業攝影技術 | 林傑人 著 |

# 滄海叢刊書目

| | |
|---|---|
| **國學類** | |
| 中國學術思想史論叢(一)～(八) | 錢　穆　著 |
| 現代中國學術論衡 | 錢　穆　著 |
| 兩漢經學今古文平議 | 錢　穆　著 |
| 宋代理學三書隨劄 | 錢　穆　著 |
| 先秦諸子繫年 | 錢　穆　著 |
| 朱子學提綱 | 錢　穆　著 |
| 莊子纂箋 | 錢　穆　著 |
| 論語新解 | 錢　穆　著 |
| **哲學類** | |
| 文化哲學講錄(一)～(五) | 鄔昆如　著 |
| 哲學十大問題 | 鄔昆如　著 |
| 哲學的智慧與歷史的聰明 | 何秀煌　著 |
| 文化、哲學與方法 | 何秀煌　著 |
| 哲學與思想 | 王曉波　著 |
| 內心悅樂之源泉 | 吳經熊　著 |
| 知識、理性與生命 | 孫寶琛　著 |
| 語言哲學 | 劉福增　著 |
| 哲學演講錄 | 吳　怡　著 |
| 後設倫理學之基本問題 | 黃慧英　著 |
| 日本近代哲學思想史 | 江日新　譯 |
| 比較哲學與文化(一)(二) | 吳　森　著 |
| 從西方哲學到禪佛教——哲學與宗教一集 | 傅偉勳　著 |
| 批判的繼承與創造的發展——哲學與宗教二集 | 傅偉勳　著 |
| 「文化中國」與中國文化——哲學與宗教三集 | 傅偉勳　著 |
| 從創造的詮釋學到大乘佛學——哲學與宗教四集 | 傅偉勳　著 |
| 中國哲學與懷德海 | 東海大學哲學研究所主編 |
| 人生十論 | 錢　穆　著 |
| 湖上閒思錄 | 錢　穆　著 |
| 晚學盲言(上)(下) | 錢　穆　著 |
| 愛的哲學 | 蘇昌美　著 |
| 是與非 | 張身華　譯 |
| 邁向未來的哲學思考 | 項退結　著 |

| | |
|---|---|
| 現代藝術哲學 | 孫旗 譯 |
| 現代美學及其他 | 趙天儀 著 |
| 中國現代化的哲學省思 | 成中英 著 |
| 不以規矩不能成方圓 | 劉君燦 著 |
| 恕道與大同 | 張起鈞 著 |
| 現代存在思想家 | 項退結 著 |
| 中國思想通俗講話 | 錢穆 著 |
| 中國哲學史話 | 吳怡、張起鈞 著 |
| 中國百位哲學家 | 黎建球 著 |
| 中國人的路 | 項退結 著 |
| 中國哲學之路 | 項退結 著 |
| 中國人性論 | 臺大哲學系主編 |
| 中國管理哲學 | 曾仕強 著 |
| 孔子學說探微 | 林義正 著 |
| 心學的現代詮釋 | 姜允明 著 |
| 中庸誠的哲學 | 吳怡 著 |
| 中庸形上思想 | 高柏園 著 |
| 儒學的常與變 | 蔡仁厚 著 |
| 智慧的老子 | 張起鈞 著 |
| 老子的哲學 | 王邦雄 著 |
| 逍遙的莊子 | 吳怡 著 |
| 莊子新注（內篇） | 陳冠學 著 |
| 莊子的生命哲學 | 葉海煙 著 |
| 墨家的哲學方法 | 鐘友聯 著 |
| 韓非子析論 | 謝雲飛 著 |
| 韓非子的哲學 | 王邦雄 著 |
| 法家哲學 | 姚蒸民 著 |
| 中國法家哲學 | 王讚源 著 |
| 二程學管見 | 張永儁 著 |
| 王陽明——中國十六世紀的唯心主義哲學家 | 張君勱原著、江日新中譯 |
| 王船山人性史哲學之研究 | 林安梧 著 |
| 西洋百位哲學家 | 鄔昆如 著 |
| 西洋哲學十二講 | 鄔昆如 著 |
| 希臘哲學趣談 | 鄔昆如 著 |
| 近代哲學趣談 | 鄔昆如 著 |
| 現代哲學述評(一) | 傅佩榮編譯 |